작은가게의
성장

※일러두기

이 책은 2014년 행간출판사에서 출간된 〈작은 가게로 살아남기〉의 최신개정판입니다. 빠르게 변화하는 창업 환경에 맞추어
원고의 내용을 일부 수정하고 추가하였고, 독자들이 좀 더 많은 정보를 가져갈 수 있도록 저자와 협의하여 개정을 진행하였습니다.

작아도 크게 버는 장사 비법

작은가게의 성장

황동명 지음

FRENEMY PUBLISHING

장사가 즐거워지는 작은 가게의 전략

최근 10년 사이에 창업을 준비하는 사람들의 상황과 이유가 너무나 달라졌다. 예전에는 자신만의 일을 하고 싶어 하는 사람이나 큰 수익을 꿈꾸는 사람이 창업을 선택했다. 하지만 지금은 어떤가? 일자리 부족으로 인한 청년 취업의 어려움, 베이비부머 세대의 은퇴, 급속한 노령화 등으로 어쩔 수 없이 창업을 선택하는 경우가 많아지고 있다. 창업은 더 이상 미래를 위한 도전이 아니라 먹고살기 위한, 생존을 위한 마지막 수단이 되었다. 수많은 사람들이 창업을 통해 자영업자의 길로 들어서고 있다. 2015년 대한민국 자영업자 수는 550만 정도이다. 소폭 하향세이나 갈수록 창업의 욕구가 더 늘어나리라 생각된다.

또한 전체 자영업자 가운데 대졸 이상 고학력 자영업자들이

30%정도라고 하니 좋은 직장에 취업하는 것을 포기하고 일자리 부족으로 인한 취업난에 내몰려 자영업으로 뛰어드는 현상이 가속화되고 있으므로 해석할 수 있다.

하지만 여전히 많은 사람들이 경험 없이 얕은 지식만 가지고 내가 하면 잘될 거라는 막연한 자신감과 사업을 하면 직장생활보다 편하게 돈을 벌 수 있을 거라는 안일한 생각으로 창업을 시작한다. 하지만 그중 절반 이상은 불과 3년을 버티지도 못하고 폐업을 한다. 더욱 심각한 문제는 살아남은 사람들의 27퍼센트는 월수입 100만 원 이하의 생계형 자영업자라는 것이다.

예전에 신문에서 우리나라 치킨집의 수가 총 3만 6천개로 전 세계 맥도날드 매장 수 보다 많다는 기사를 보게 되었다. 창업에 대한 사전 준비나 기술 없이도 누구나 쉽게 접근 할 수 있는 업종으로 창업자들이 몰리고 있고 또 그 경쟁에서 살아남지 못하고 실패하기를 반복하고 있는 것이다.

누구나 창업을 시작할 때는 월급보다 나은 수익과 여유로운 개인시간 등 부푼 꿈을 가지고 시작한다. 하지만 그들 중 대다수가 희망과는 다르게 빈곤으로 가는 시한폭탄을 안고 자영업 시장으로 뛰어든다.

필자 또한 2006년 여름, 대학 시절, 우연히 일본 여행길에서 만난 보따리 상인을 보고 취업을 하는 것보다 내 장사를 하는 것이 나을 거라는 단순한 생각에 창업을 시작했다. 그때 이후 벌써 12년이라는 시간이 흘렀다.

300만 원이라는 터무니없는 자본금으로 시작한 사업은 고난의 연속이었다. 경험도 없이 시작한 장사는 크고 작은 어려움과 시행착오를 겪으면서 몇 번이나 포기하고 싶은 아니 포기해야만 하는 상황에 직면했다. 아르바이트를 병행하면서 생계를 유지해야 할 때도 있었다. 그렇게 2년 동안 이 악물고 버텨서 월 1000만 원의 매출을 기록했다. 그 후로도 여러 가지 아이템으로 사업 경험을 쌓아 지금은 먹고사는 데 지장이 없을 정도로 자리를 잡았다. 하지만 아직도 사업을 하면서 시행착오를 겪고 있으며 예상치 못한 어려움이 닥쳐오지는 않을까 매 순간 긴장하며 살고 있다.

가게를 준비하고 운영하는 과정은 사람의 인생에 비유할 수 있다. 창업을 결심하고 준비하는 시기는 10대에 해당하는 시기다. 10대 아이들처럼 빨리 멋지고 성공한 어른이 되고 싶은 마음에 즉, 빨리 자기의 사업을 하고 싶다는 마음이 앞서 올바른 판단을 하기 어렵다. 사춘기처럼 자신만의 생각과 상상에 사로잡혀 주변 사람들이 하는 충고와 당부를 한낱 잔소리로 생각하기 쉽다. 하지만 누구나 깨닫게 된다. 10대 시절 부모님이나 선배들이 해준 충고와 당부들이 결코 틀리지 않다는 사실을.

20대는 인생의 방향을 결정하고 꿈을 이루기 위해 준비하고 공부하는 시기다. 이 시기는 시장조사를 하고, 아이템을 찾으면서 구체적인 사업 계획을 세우는 과정과 같다. 인생에서 가장 열심히 일하는 30~40대는 자신이 속한 사회에 적응하고 더 높은 자리로 가기 위해 치열하게 경쟁하는 시기다. 이때는 가게를 열고 본격적으로 가게를 성장시키기 위한 시기와 맞아떨어진다.

마지막으로 50~60대는 비로소 자신의 일에서 인정받고 인생의 정점을 찍는 시기다. 이때는 남은 생을 안정적으로 살아갈 수 있도록 노후를 준비한다. 자신의 가게를 안정적으로 관리하고 유지해나가는 과정에 비유할 수 있다. 따라서 초보 창업자는 나이가 몇인지, 사회에서 어떤 지위에 있었는지와 상관없이 창업을 결심하고 준비하는 순간, 나이와 지위는 버리고 선배 창업자와 전문가의 조언에 귀 기울여야 한다.

그런 의미에서 이 책은 돈을 버는 방법을 알려주지는 않는다. 그럴 능력도 없다. 필자는 단지 직접 겪었던 수많은 시행착오를 사람들에게 알려주고 창업의 길을 택한 독자가 앞으로 겪게 될 어려움과 그 어려움을 어떻게 극복했는지를 이야기해주려고 한다. 부끄럽지만 필자가 미리 알았더라면 하지 않았을 실수들을 알려주고, 어떤 점이 실수였는지 무엇을 조심해야 하는지를 이야기할 뿐이다.

중요한 일을 앞두고 있는 사람들은 다가올 미래를 예상하고 그에 대비해 준비를 한다. 학생이 대학입시에서 좋은 성적을 얻기 위해 많은 모의고사 문제를 풀고, 운동선수가 우승하기 위해 많은 연습 경기를 치르듯 창업도 마찬가지다. 실전에 뛰어들기 전 자신에게 다가올 수많은 시행착오를 미리 경험하고 앞으로 풀어야 할 고민의 해결 방법을 준비해놓는다면 다른 사람보다 더욱 즐겁게 장사에 임할 수 있을 것이고, 좋은 결과를 기대할 수 있을 것이다.

물론 경험이 없는 상태에서 아이템을 선정하고, 시장 및 상권을 조사하며, 얼마만큼의 자본금을 준비하고 융통해야 하는지를 정하는 것은 어려운 일이다. 때문에 이 책에는 아이템을 선택하는 것부터 시작해 구체적인 계획을 세울 수 있도록 구상하고 준비해야 할 모든 것이 쉽게 설명되어 있다. 창업을 준비하는 사람들이 하게 될 고민과 사업을 운영하면서 경험하게 될 난관에 대한 해답도 담아두었다. 시행착오를 이겨낸 선배들의 조언과 충고도 담겨있다.

이 책은 창업에 대해 막연하게 생각해왔던 사람들에게 구체적인 실행 계획을 세우는 지침서가 되었으면 좋겠다. 또 가게를 준비하는 사람들에게는 놓친 게 없는지 다시 한 번 확인하면서 몰라서 손해보는 일이 없도록 알찬 정보를 얻을 수 있는 기회가 되었으면 좋겠다.

황동명

CONTENTS

연예인 쇼핑몰도 부러워할 대박 쇼핑몰 만들기

1장

큰 장사꾼의
시작은
작은 가게였다

66

**창업이란 평범하게 40년간 일할 분량의 일을
4년간 죽도록 하는 것**

99

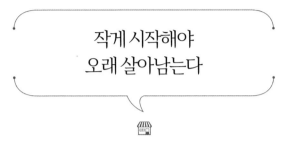

작게 시작해야
오래 살아남는다

창업을 하려는 사람들은 흔히 사업을 규모의 경제에 빗대어 큰
돈을 투자하고 큰 사업을 벌여야만 성공할 수 있다고 생각한다.
하지만 필자의 생각은 다르다. 부동산이나 주식 투자는 투자 대
상만 잘 고르면 돈을 많이 투자하면 할수록 이익이 높아지지만,
창업은 대박 아이템에 많은 자본금으로 가게를 낸다고 해서 수
익이 보장되지 않는다. 재고를 많이 쌓아놓거나 화려하게 가게
를 꾸민다고 해도 가게에 손님이 오지 않는 이상 수익은 제로이
기 때문이다.

창업에는 자본금보다 경험이 더 큰 자산이라고 생각한다. 장
사를 해본 경험이나 사업 아이템에 관련된 경험만을 이야기하는
것이 아니다. 여러 사람을 만나고 그들의 이야기를 들었던 경험,

사람들을 내 편으로 만들었던 경험, 큰돈을 썼던 경험, 다양한 상품을 샀던 경험 등, 이러한 경험들이 소비자가 원하는 사업 아이템을 정하고 가게를 준비하고 상품을 매력적으로 보이게 하고 고객이 상품에 돈을 쓰게 하는 데 도움이 된다.

장사를 하루아침에 잘할 수는 없다. 누구나 처음에는 실수를 하고 시행착오를 겪는다. 사업에 성공하기 위한 조건은 시행착오를 얼마나 하지 않느냐가 아니다. 중요한 것은 시행착오를 하되 어떻게 성공의 밑거름으로 삼을 것인가, 어떻게 하면 시간적·금전적으로 손해를 덜 볼인가. 나이 서른에 창업 경력만 15년차인 위자드웍스의 표철민 대표는 〈김미경 쇼〉에서 실패를 매트리스에 비유한다. '누구에게나 발아래 매트리스가 깔려 있다. 실패를 해보지 않은 사람은 매트리스가 얇다. 그래서 처음 한두 번 넘어지면 여기저기 상처도 나지만, 소소한 실패들이 모이고 모이면 매트리스가 조금씩 쌓이고 두꺼워진다. 그리고 막상 넘어져보면 그렇게 아프지 않다는 것을 알게 된다'는 것이다.

이렇듯 작은 실패와 성공을 쌓아가야 진정한 성공에 이를 수 있다. 그러니 처음부터 무리해서 자본금을 키우고 장사를 시작할 필요가 없다. 필자가 줄일 수 있을 만큼 줄여 '작게 시작하라'고 강조하는 이유다. 작은 가게가 언제까지 작은 가게일 리도 없다. 작은 가게를 통해서 기초를 다지고 경험을 쌓는다면 분명 큰 성공을 거둘 수 있을 것이다.

필자는 대학에 다니던 2006년 여름, 일본 여행길에서 우연히 만난 보따리 상인을 보고 장사를 해야겠다고 결심했다. 300만 원이라는 터무니없이 적은 자본금으로, 경험도 없고 도움 받을 사람도 없이 맨몸으로 시작한 장사인 만큼 크고 작은 어려움과 시행착오를 겪었다. 몇 번이나 포기하고 싶은, 아니 포기해야만 하는 상황에 직면했다. 아르바이트를 병행하면서 생계를 유지해야 할 때도 있었다. 그렇게 2년 동안 이 악물고 버텨서 월 1000만 원의 매출을 기록했다. 그 후로도 여러 가지 아이템으로 사업 경험을 쌓아 지금은 먹고사는 데 지장이 없을 정도로 자리를 잡았다. 하지만 아직도 사업을 하면서 시행착오를 겪고 있으며 예상치 못한 시련이 닥치진 않을지 매 순간 긴장하며 살고 있다.

창업에 실패하는 두 가지 유형의 사람이 있다. 첫째, 자신은 무조건 성공할 거라는 근거 없는 자신감을 갖는 사람들이다. 그러나 준비되지 않은 무모한 자신감은 오히려 독이다. 앞서 말한 경험 없이 자본금만을 믿고 사업에 뛰어드는 행동과 같다. 이런 사람들은 실패를 하더라도 준비한 게 없으니 왜 실패했는지 모르고, 실패에서 배우는 것도 적을 수밖에 없다. 어떤 일을 시작하기 전에 자신감을 갖는 것은 중요하다. 하지만 자신감의 근거에는 구체적인 계획이 있어야 한다.

둘째, 실패가 두려워 도전하기도 전에 포기하거나, 세월아 네월아 고민과 걱정만으로 시간을 보내는 사람들이다. 퍼스트 펭귄First Penguin이라는 말이 있다. 황량한 남극 대륙에서 펭귄은 먹 잇감을 찾기 위해 천적이 도사리고 있는 바다에 뛰어들어야 한 다. 펭귄에게 바다는 죽음과 삶이 공존하는 공간이다. 서로 눈 치를 보며 망설이는 펭귄들 사이에서 한 마리의 펭귄이 용감하게 바다로 뛰어들면 나머지 펭귄들도 따라서 뛰어든다. 이때 첫 번 째로 뛰어든 펭귄이 무리의 리더가 된다. 이렇게 가장 먼저 행동 하는 결단력 있는 사람을 퍼스트 펭귄에 비유한다. 창업에서도 시장을 선도하는 퍼스트 펭귄이 되어야 한다. 장사를 자신의 길 로 정했다면, 두려움을 이겨내고 뛰어들 배짱도 있어야 한다. 부 딪치고 시행착오를 견뎌내야만 그 분야의 선구자가 되고 성공할 수 있다.

창업에는 이론과 공식이 통하지 않는다. 창업을 하기 위해 필 요한 것은 경험의 부족을 메울 '계획'과 과감한 '결단력'이다. 그 리고 누구나 겪게 될 시행착오와 실패를 성공을 위한 발판으로 체화하고 자신만의 노하우를 만들면서 목표를 향해 조금씩 전 진해나가야 한다.

프랜차이지는
직장인일 뿐이다

창업을 할 때 가장 쉽게 떠올릴 수 있는 것이 바로 프랜차이즈일 것이다. 하지만 프랜차이즈를 너무 좋게만 생각하고 있는 건 아닌지 걱정스럽다. 이러한 우려가 더욱 커지게 된 일화가 있다.

중소기업청에서 주관하는 소상공인 창업 강의에 초빙된 적이 있었다. 강의 주제는 지금까지 주로 해왔던 강의와 달랐다. 지금까지는 도소매 무역 사업을 하려는 사람 혹은 해외 콘텐츠나 사업 아이템을 국내시장에 도입하려는 사람들을 위한 강의가 주였다. 이번에는 퇴직을 앞두고 있거나 이미 퇴직한 50대 이상의 시니어 분들을 대상으로 한 프랜차이즈 창업에 대한 강의였다. 평소 해보지 못한 강의 주제였지만 창업이란 어느 분야든 기본적인 틀은 비슷하기에 프랜차이즈 사업에 관련된 정보를 수집하고 공부하면서 강의를 준비했다.

하지만 강의 당일 필자가 큰 착각을 했음을 깨달았다. 강의를 들으러 온 분들이 갖고 있는 프랜차이즈 사업의 개념이 필자가 생각했던 것과 완전히 달랐던 것이다. 강의를 듣기 위해 온 50여 명의 분들은 대부분 프랜차이즈 사업을 관리하고 운영하는 프랜차이저franchisor(본사)가 아닌 프랜차이지franchisee(가맹점) 창업을 희망하고 있었다.

필자는 프랜차이즈 사업 강의를 요청받았을 때 단 한 번도 가맹점주를 위한 강의를 생각해보지 않았다. 자신의 사업을 하고 싶어 강의를 들으려는 분들이라면, 당연히 아이템과 기술을 개발해서 사업을 성공시키고 더 나아가 가맹점을 모집해 프랜차이즈 본사를 운영하려는 거겠지, 하고 생각한 것이다. 단순히 프랜차이즈 가맹점을 할 거라면 프랜차이즈 박람회를 가거나 원하는 프랜차이즈 본사에 가서 상담을 받으면 되지 왜 굳이 이 자리에 앉아 있는지도 도통 이해가 되질 않았다.

준비해온 강의 자료는 휴지 조각이 되었다. 즉석에서 강의 주제와 목표를 바꿀 수밖에 없었다. 강의 목표와 주제는 딱 한 가지였다. 참가자들에게 프랜차이즈 가맹점 창업의 실태를 알려주고 프랜차이즈 가맹점이 아닌 본사를 만들겠다는 사업 목표를 갖도록 하는 것이었다.

프랜차이즈 가맹점으로 창업을 시작하는 것에는 뿌리치기 힘든 장점이 분명히 있다. 사업 경험이 없는 사람도 손쉽게 창업을 시작할 수 있다는 점, 본사의 관리를 받으면서 사업을 운영하기 때문에 시행착오를 줄일 수 있다는 점은 프랜차이즈 창업의 가장 큰 장점이다. 창업에 실패하는 이유 중 하나가 경험의 부재다. 그런 면에서 프랜차이즈 창업은 본사의 경험과 노하우를 바탕으로 사업을 운영할 수 있기 때문에 사업 초기에 겪는 시행착오나 실패 확률을 줄일 수 있다.

또한 수많은 가맹점들이 함께 사업을 진행하기 때문에 본사는 각종 원·부자재를 대량으로 구입해서 가맹점들에 납품한다. 즉, 가맹점은 저렴한 가격에 질 좋은 자재를 살 수 있고, 이는 곧 원가를 낮추어 가격 경쟁력을 높일 수 있다는 의미다. 전국적으로 지점이 많은 프랜차이즈 사업일수록 소비자에게 브랜드와 상품에 대한 인지도가 높다는 점도 장점이다. 별도의 홍보나 마케팅을 하지 않아도 고객을 쉽게 유치할 수 있기 때문이다.

하지만 장점만을 생각해 섣불리 프랜차이즈 창업을 하는 것은 정말 위험하다. 필자는 프랜차이즈 가맹점을 하려는 사람이 있다면 적극 말린다. 왜 그럴까? 쉽게 생각해보자. 프랜차이즈 가맹점이란 무엇인가? 본사가 만들어놓은 아이템과 기술에 돈을 지불하고 차용해서 창업을 하는 것이다. 그러자면 가게 운영의 하나부터 열까지 본사의 간섭과 도움을 받아야 한다. 운영에 필요한 원·부자재는 물론이고 재고 관리, 영업 방식, 심지어 직원을 고용하고 관리하는 것까지 본사의 운영 방침에 따라야 한다. 그 뿐 아니다. 만약 부득이한 사정으로 사업을 정리해야 할 때도 본사와의 계약 기간에 얽매이게 되며 다른 사람에게 사업권을 넘기면서 받는 권리금조차 마음대로 정하고 받을 수 없다. 즉, 근본적으로 가맹점은 직장생활을 하듯 사업을 운영하는 것이다.

프랜차이즈 가맹점 창업을 준비하기 전에 먼저 주변을 살펴보자. 지금 가장 잘나가는 프랜차이즈 아이템은 무엇일까? 이 질문에는 누구나 쉽게 대답할 수 있을 것이다. 그렇다면 현재가 아닌 2~3년 전에 잘나갔던 프랜차이즈 아이템은 무엇이었는가? 여기까지 대답을 했다면 이젠 무엇인가를 느꼈을 것이다. 2~3년이라는 짧다면 짧은 시간 동안 잘나가던 프랜차이즈 아이템들은 대부분 없어지고 지금은 새로운 아이템들로 수많은 프랜차이즈 가맹점들이 생겨나고 있는 것을 말이다.

지금 잘되는 프랜차이즈의 3년 후 모습은 어떠하겠는가?

여기서 잠깐 한 선배의 이야기를 들려주고 싶다. 선배는 10년 전부터 중국에서 생활잡화를 수입해서 국내시장에 판매하는 일을 해왔다. 처음 시작할 때는 꽤나 벌이가 짭짤했는데 시간이 지날수록 오프라인 매장은 물론 온라인 쇼핑몰에서도 경쟁 업체가 많아지면서 가격 경쟁이 치열해져 사업에 어려움을 겪게 되었다.

그러던 어느 날 선배의 인생을 바꿔버릴 아이템을 발견했다. 바로 전자담배였다. 2010년부터 금연에 대한 관심이 높아지면서 중국을 오가는 무역상들에게 전자담배라는 아이템이 유행하기 시작했다. (대부분 전자담배가 유럽이나 미국에서 개발됐을 거라고 생각하지만 사실은 중국에서 만들어졌다.) 인터넷을 통해 전자담배가 조금씩 유행을 타기 시작하자 선배는 작은 매장을 얻고 전자담배 판매점을 시작했다.

처음에는 사람들이 호기심에 하나씩 사주니 매출이 꾸준히 올랐고 마진도 꽤 좋았다. 그러자 주변 지인들이나 가게에 찾아온 손님들에게서 이런 가게를 하고 싶으니 물건을 납품해줄 수 없겠느냐는 부탁을 심심찮게 듣게 되었다. 선배는 이를 계기로 전자담배 프랜차이즈 사업을 시작하게 되었다.

창업을 도와주는 명목으로 일정 금액의 가맹비를 받고, 중국을 오가며 전자담배 기계를 수입해 납품하기 시작했다. 직접 운영하던 가게도 비싼 권리금을 받고 처분했다. 6개월도 되지 않아 전국에 10여 개의 매장을 오픈시켰다. 이후 전자담배의 폭발적인 유행으로 크고 작은 전자담배 브랜드가 생겨났고 동네마다 전자담배 대리점들이 속속 개점했다.

하지만 그렇게 폭발적이던 전자담배의 유행은 어떻게 되었을까? 1년도 채 가지 못했다. 그 많던 전자담배 대리점들은 사라진 지 오래이며 너도나도 물고 다니던 전자담배도 더 이상은 찾아보기 힘들다. 돈이 되는 사업이라고 생각해 비싼 권리금과 가맹비를 투자해 이 시장에 뛰어들었던 사람들은 결국 울며 겨자 먹기로 사업을 정리해야 했을 것이다.

그렇다면 당시 전자담배 사업으로 돈을 번 사람은 누구일까? 프랜차이저뿐이었다. 이후 선배는 프랜차이즈 사업에 재미를 붙였다. 이제는 요식업 프랜차이즈를 하기 위해 아이템을 개발하고 전국 프랜차이즈 박람회를 뛰어다니며 가맹점을 모집하고 있다.

사업을 해서 살아남을 확률은 10퍼센트다. 그리고 큰 성공을 거둘 수 있는 확률은 단 1퍼센트다. 프랜차이즈 사업이라고 다르지 않다. 프랜차이지, 즉 가맹점이 된다면 절대 1퍼센트가 될 수 없다. 상위 1퍼센트는 이미 본사로 결정되어 있기 때문이다.

경기가 좋지 않고 취업난이 심각해지면서 소비자의 지갑은 닫혔지만 창업을 하려는 사람은 계속 증가하고 있다. 이런 시기에 돈을 많이 버는 사람은 창업자를 상대로 아이템과 콘텐츠를 파는 프랜차이저다. 지금도 매년 서울이나 부산 등 대도시를 중심으로 많은 프랜차이즈 박람회가 열린다. 이곳에서부터 이미 돈을 벌고 성공을 하는 1퍼센트와 그 1퍼센트에게 돈을 벌어다 주는 99퍼센트의 사람들이 나뉘는 것이다.

프랜차이즈 사업을 직접 해보지는 않았지만 지금까지 프랜차이즈와 관련된 많은 사람들을 만나고 다양한 분야의 창업 아이템으로 직접 사업을 운영해오면서 나름 프랜차이즈 전문가가 되었다. 프랜차이즈 사업은 아이템과 콘텐츠를 만든 프랜차이저가 가장 큰 수익을 얻을 수밖에 없는 시스템이다.

안정적인 창업은 가능하겠지만 큰 사업으로의 발전은 어려운 프랜차이지가 될 것인가, 수많은 시행착오와 어려움이 있겠지만 1퍼센트의 성공을 거둘 수 있는 프랜차이저가 될 것인가, 그 결정은 당신의 몫이다.

월급쟁이와 사장은
사고방식이 다르다

창업 강연을 다니다 보면 다양한 사람들이 강의를 듣기 위해 모인다는 것을 알 수 있다. 이제 갓 대학교를 졸업했거나 졸업을 앞두고 진로를 고민하는 앳된 20대부터 직장생활만 하다가 미래에 대한 불확실성과 반복되는 일에 대한 염증으로 창업을 고민하는 중년 남성, 평생을 가족 뒷바라지하며 가정주부로만 살아온 중년 여성, 장사를 하고 있지만 새로운 사업 아이템과 콘텐츠 그리고 사업 성공 노하우를 배우기 위해 참석하는 자영업자까지 각양각색의 사람들이 창업과 성공이라는 공통된 목표와 관심사를 가지고 모인다.

강의를 시작하기 전에 수강생에게 항상 던지는 질문이 있다. 현재 가게를 갖고 있거나 경험이 있는 자영업자, 회사생활만을 열심히 해온 직장인, 사회 경험이 적은 전업주부 혹은 대학생, 이들이 같은 조건과 자본, 같은 사업 아이템으로 창업을 한다면 실패할 확률이 가장 큰 사람은 누구일까?

대부분이 사회 경험이 적은 가정주부나 대학생을 꼽는다. 그러나 경험에 비추어보면, 사업가의 자질에서 개인적인 차이가 있겠지만 실패할 확률이 가장 높은 사람은 바로 직장인이다. 직장생활을 오래하면 할수록 창업에서 실패할 확률은 더더욱 높아진다. 왜 그럴까?

회사는 수많은 사람들이 모여 기계처럼 돌아가는 곳이다. 회사를 대표하는 사장이 있으면 그 아래 회사의 큰 부분을 책임지는 임원이 있으며 또한 각 부서가 원활하게 돌아갈 수 있게 관리하는 부서장, 그 아래 각 부서가 담당하는 업무를 맡아 일을 진행하는 사원이 있다. 이 외에도 직원들이 업무에 전념할 수 있도록 지원하는 사무보조, 경비아저씨, 청소 아주머니까지 일과 사람이 긴밀하게 맞물려 움직이는 곳이 바로 회사다.

이것은 달리 해석하면 그 아무리 직장생활을 오래한 사람이라 하더라도 그의 일은 조직에서 N분의 1일 뿐이다. 물론 직급이 올라가면서 하위 단계의 업무를 책임지고 결정할 수 있는 권한이 생기지만 어디까지나 회사가 나아갈 방향 안에서의 작은 결정사항일 뿐이다.

하지만 자영업은 어떠한가? 특히 작은 가게의 사장은 회사의 대표부터 사무보조, 심지어 청소하는 아주머니까지 되어야 한다. 회사를 운영하는 데 필요한 모든 업무를 혼자서 계획하고 결정하고 실행하며 그에 따른 결과에 대한 책임까지 고스란히 져야 하는 것이다. 단순히 상부에서 내려오는 업무를 진행하는 것으로 역할이 끝나고 그에 상응하는 월급을 받을 수 있는 직장생활과는 차원이 다르다.

직장생활을 오래한 사람들의 공통된 특징이 있다. 스스로 일거리를 찾아내고 만들어내는 능력이 부족하다는 것이다. 자영업은 직장에서처럼 자신이 하지 못하는 일을 다른 사람이 대신 해결해주지 않는다. 해야 할 일이 무엇인지 체크해주지도 않으며, 할 일을 시키지도 않는다. 일거리를 만들지 못하거나 결과에 대한 책임을 지지 못하면 굶어죽는 것 외에는 방법이 없다.

사장이 되면 즉, 창업을 하면 틀에 박힌 생활에서 벗어나 여유로운 시간을 가질 수 있을 거라는 생각은 착각일 뿐이다. 창업을 시작하는 순간 직장생활이 훨씬 더 편안하고 행복하다는 생각이들 정도로 몇 년은 죽도록 일해야 한다. 프로그래머이자 벤처투자회사 '와이콤비네이터Y Combinator'의 창립자인 폴 그레이엄은 창업이란 "평범하게 40년간 일할 분량의 일을 4년간 죽도록 하는 것"이라고 했다. 물론 사업이 어느 정도 성공 궤도에 올라서 일을 분담할 만한 직원이 생긴다면 여유가 생기겠지만, 그때도 사장이 짊어져야 할 책임은 나눌 수 없다.

사장이 된다는 것

필자를 부르는 호칭에는 여러 가지가 있다. 대표님, 사장님, 작가님, 혹은 운영자님(온라인 커뮤니티를 운영하고 있기에 커뮤니티 회원들은 닉네임이나 "운영자님"이라고 부른다). 그러나 정작 필자는 "동명 씨" 하고 편하게 불리길 원한다. 대표나 사장이라는 호칭이 부담스럽기도 하지만 요즘은 대표나 사장이라는 직함을 가진 사람들이 너무 흔하기 때문이기도 하다.

창업을 준비하는 사람들이 가게를 열기도 전에, 심지어 사업자 등록을 하기도 전에 서둘러 명함부터 만들려고 하는 모습을 흔히 봐왔다. 회사 이름을 멋지게 짓고 회사 로고는 물론 종이 재질까지 신경 써가며 명함 만들기에 온 신경을 곤두세운다. 직책은 모두 사장이거나 CEO다. 쇼핑몰이나 작은 가게를 운영하는

1인 기업가도 사장이고, 부부끼리 운영하는 2인 기업일 경우 남편은 대표이사, 아내는 사장이다.

명함이 나오면 여기저기 아는 사람들에게 명함을 돌리기 바쁘다. 사장이 되었음을 알리고 싶어 안달 난 듯하다. 이런 모습은 연령대가 낮을수록 더 쉽게 발견할 수 있다. 사장이라는 지위의 무게감이나 책임감은 생각하지 못하고 앞으로 얼마나 험난한 일이 기다리고 있을지는 전혀 모른 채 이름이 주는 겉멋에만 빠져 있는 것이다.

사람들은 먹고살기 위해 즉, 생존을 위해 창업을 결심하지만 아이러니하게도 대부분의 창업 준비생은 이러한 현실을 인정하지 않으려 한다. 강의나 컨설팅을 할 때 창업 준비생에게 왜 창업을 하고 싶으냐고 물어보면 직장생활이 적성에 맞지 않다거나 내 장사, 내 사업을 하고 싶어서라고 말하는 경우가 많다. 그러나 대화를 나누다 보면 금세 창업을 하는 진짜 이유가 창업 이외에는 마땅히 돈을 벌고 생계를 유지할 만한 수단이 없기 때문임을 알 게 된다.

창업은 그저 자신이 좋아하는 일을 하면서 보다 편안하고 즐겁고 폼 나게 일하기 위해, 혹은 다른 사람에게 과시하기 위해 하는 일이 아니다. 목숨을 걸고 치열한 전쟁터에 뛰어드는 일이다. 사장이라는 멋진 호칭 역시 쉽게 얻을 수 있는 것이 아니다. 혹여나 게으른 직장 상사를 보며 직접 하는 게 낫겠다고 생각하더라도 막상 경영자나 관리자의 위치에 서면 자리가 주는 압박이 얼마나 큰지 깨닫게 된다.

회사를 대표하는 사장이라는 이름에는 권한과 그에 상응하는 책임이 따른다. 단순히 자신의 앞가림만 하면 되는 직장인이 아니다. 사장은 자신을 믿고 따르는 직원들을 책임지고 심지어 그 가족까지 책임져야 한다. 어떻게 가게를 경영하고 어떤 판단을 하느냐에 따라 자신을 믿고 따르는 수많은 사람들의 인생까지도 결정되는 만큼 막중한 책임감이 필요하다.

훌륭한 사장이 되기 위해서는 항상 스스로를 압박해야 한다. 가게를 이끌어나가는 책임자로서 그에 어울리는 생각을 하고 도전해야 한다. 수없이 많은 고민과 힘든 결정을 해야 하지만 그 짐을 누구와도 나눌 수 없다. 전체를 책임지는 만큼 누구보다 강한 사람이 되어야 하기 때문이다. 그래서 사장은 아파도 안 된다고 하지 않는가. 직원이 믿고 따를 수 있을 만한 사람인지도 끊임없이 되물어야 한다.

또한 사장은 높으신 분이 아니라 그러한 자리에 있는 사람일 뿐이다. 직원이나 주변 사람을 내려다보는 자리라고 착각하지 말자. 오히려 사장은 무대 위의 광대와 같다. 서포트라이트를 받지만 그만큼 일거수일투족이 감시의 대상이다. 직원과 고객이 지켜보고 있다. 때문에 남보다 많은 것을 생각해야 하고 직원이나 고객에게 먼저 다가가 배려해야 성공할 수 있다.

◆info 창업자로서 나는 몇 점일까?

이 테스트는 가장 기본적이며 대중적인 창업자의 자질 테스트로써 미국의 바움백 Baumback이라는 사람이 처음 개발해서 전 세계적으로 사용되는 방법이다. 개성 및 열의, 비판 수용도, 학습 능력, 근면성, 진취성, 결단력, 책임감, 인내심, 계획 능력, 리더십 등을 알아볼 수 있는 21가지 질문으로 구성되어 있다.

질 문	답변(해당되는 부분에 체크하세요)		
	그렇다	간혹 그렇다	그렇지 않다
다른 사람과의 경쟁에서 희열을 느낀다.			
보상이 없어도 경쟁이 즐겁다.			
신중히 경쟁하지만 때로는 허세를 부린다.			
앞날을 생각해 위험을 각오한다.			
업무를 잘 처리해 확실한 성취감을 맛본다.			
일단 하기로 결심한 일이면 뭐든 최고가 되고 싶다.			
전통에 연연하긴 싫다.			
일단 일을 시작하고 나중에 상의한다.			
칭찬을 받기 위해서라기보다는 업무 자체를 중요하게 생각한다.			
남의 의견에 연연하지 않고 내 스타일대로 한다.			
나의 잘못이나 패배를 잘 인정하지 않는다.			
남의 말에 의존하지 않는다.			
웬만하면 좌절하지 않는다.			
문제가 발생했을 때 직접 해결책을 모색한다.			
호기심이 강하다.			
남의 간섭을 못 참는다.			
남의 지시를 듣기 싫어한다.			
비판을 받고도 참을 수 있다.			
일이 완성되는 것을 꼭 봐야 한다.			
동료나 후배가 나처럼 열심히 일하기를 바란다.			
사업 지식을 넓히기 위해 독서를 한다.			
합 계			

채점 방법 그렇다 : 3점 | 간혹 그렇다 : 2점 | 그렇지 않다 : 1점

채점 결과 63점 – '완벽한' 창업자의 자질을 갖추고 있다.
52~62점 – 창업자로서 '좋은' 자질을 갖추고 있다.
42~51점 – 창업자로서 '보통'의 자질을 갖추고 있다.
41점 이하 – 창업자로서 자질이 매우 '부족'하다.

성공한 장사꾼이 중요하게 생각하는 것

2012년 겨울의 일이다. 두 번째 책이 발간되고 서울 광화문 교보문고에서 출간 기념 강연회를 하게 되었다. 일요일 오전에 진행될 강연회를 위해 하루 전 부산에서 올라왔다. 하룻밤 신세를 지기로 한 지인의 집에서 쉬고 있을 때였다. 자정에 가까운 늦은 밤 전화 한 통이 걸려왔다. 갑작스러운 전화에 약간 의아해하며 통화 버튼을 누르자 전화기 너머로 다급한 직원의 목소리가 들려왔다.

"사장님! 큰일 났어요! 지금 사무실에 불났어요!"

직원은 거의 울먹이는 목소리였다. 토요일 밤이면 사무실에 남아 있는 사람도 없었을 텐데 웬 불이란 말인가? 직원을 진정시키며 자초지종을 물었다.

당시 아파트 상가를 임대해 총 100평 남짓한 공간을 사무실과 창고로 사용하고 있었다. 직원의 말에 따르면 밤 11시 무렵 아파트 입주민이 상가 건물에서 연기가 나는 것을 보고 소방서에 화재신고를 했고 연기는 순식간에 큰불로 바뀌어 사무실이 있던 상가 6층을 태워버렸다는 것이다. 사무실에서 시작된 화재는 주변 상가 4채까지 태워버리고 1시간이 넘는 진화 작업을 거친 후에야 가까스로 진화가 되었다고 했다.

하늘이 무너져 내리는 것 같았다. 아무것도 없는 빈털터리로 시작해 갖은 고생을 하면서 사업을 키워왔다. 그러기를 수년, 불과 몇 달 전에야 창고까지 딸린 큰 규모의 사무실로 확장할 수 있었다. 이 기세를 살려 규모를 넓혀가려는 생각이었다.

사무실 창고에는 온라인 쇼핑몰에서 판매하던 상품 재고가 쌓여 있었다. 다음 사업으로 진행할 계획이었던 명품 사업을 위해 일본 현지에서 구입해 온 수천만 원 어치의 명품 가방도 있었다. 그 모든 것이 한순간에 재가 되었다. 문제는 그뿐 아니었다. 화재의 발화점이 필자의 사무실이었기 때문에 주변 상가들의 피해까지 떠안아야 할 수도 있는 상황이었다. 그 피해 규모는 상상조차 되지 않았다.

화재 소식을 접했지만 당장 할 수 있는 일은 없었다. 일단 다음 날 있을 두 번의 출간 기념 강연은 계획대로 진행해야만 했다. 다음 날 강연에서 어떤 말을 했는지는 사실 기억이 나지 않는다.

강연을 듣기 위해 모여준 독자와의 약속을 지켜야겠다는 생각밖엔 없었다. 당장 필자가 할 수 있는 유일한 일이기도 했다. 그렇게 모든 일정이 마무리되고 부랴부랴 부산으로 돌아왔다.

다음 날 새벽, 두려운 마음을 안고 사무실로 향했다. 모든 것이 잿더미가 되어버린 화재 현장에서 넋 나간 사람처럼 몇 시간을 주저앉아 있었다. 사람들은 너무나도 잔인했다. 주변 상가 사람들이 하나둘 모여들더니 어떻게 피해를 보상할 거냐고 소리를 높이기 시작했다. 심지어 아파트 주민 몇 명은 화재 연기로 집은 물론 건강상 피해를 입었으니 보상해 달라고 했다. 당시에는 모두가 나에게 한 푼이라도 더 받아내기 위해 안달 난 사람들로만 보였다. 빈털터리가 된 상황에서 미안하다는 말 외에는 할 수 없었다.

그렇게 또 정신없는 하루가 지나고 지인들이 한명 두명 연락하기 시작했다. 뉴스에 보도될 정도로 큰 화재였기 때문에 소식을 접한 것이다. 그중에는 평소 잘 알고 지내던 사장님도 있었다. 중국에서 크게 무역업을 하는 분인데 사업 운영에 대한 조언뿐만 아니라 살아가는 데 도움이 되는 좋은 말씀을 많이 해주시는 분이었다. 그분 말씀이 큰 힘이 되었다. 사업을 하다 보면 전혀 예상치 못했던 일을 겪기 마련인데, 그럴 땐 혼자 전전긍긍하면서 문제를 해결하려고 하지 말고 지인들을 이용하라는 것이었다. 주변 사람들에게 어려움을 알리고 도움을 청하면 분명히 도움을 주는 사람이 있을 거라고 했다. 사장님은 평소에도 큰 장사를 하는 사람일수록 인간관계를 잘 유지해야 한다고 조언해주었다.

핸드폰에는 약 800명의 전화번호가 저장되어 있었다. 지난 수년간 이곳저곳에서 만났던 사람들이다. 당장 모두에게 문자를 보냈다. 운영하고 있던 온라인 커뮤니티에도 상황을 알렸다. 그러자 곧 필자를 걱정해주는 사람들에게서 연락이 왔다. 모두 도움이 되는 조언을 해주었고, 실질적으로 도움을 주는 분들도 나타나기 시작했다.

그중 보험회사에서 근무하던 선배는 화재의 원인이 정확하게 파악되기 전까지는 주변 피해자들에게 휩쓸리지 말라고 했다. 자신도 피해자 중 한 명이라고 생각하고 화재 원인을 밝히는 데 집중하라고 했다. 초반에 가해자로 인식되면 화재 감식이나 조사가 진행될 때도 불리한 방향으로 흐를 수 있다는 것이다. 필자의 사무실에서 화재가 발생했다고 해도 무조건 필자의 책임은 아니며, 건물 내부의 전기 합선이나 전체 건물의 관리 소홀로 발생한 화재는 건물주나 관리자에게 책임이 있다는 것이다.

또 다른 친구는 사촌 형이 유명한 로펌에 소속된 변호사이니 찾아가서 법률 상담을 받아보라고 소개시켜주었다. 그렇게 찾아간 변호사는 사촌 동생의 친한 친구라는 이야기에 자신의 일처럼 사고 정황을 꼼꼼하게 파악해주었고 앞으로 어떻게 준비를 해나가야 할지도 조목조목 알려주었다. 여러 판례를 이야기해주며 무조건 걱정하거나 절망하지 말고 좋은 결과로 흘러갈 수 있도록 긍정적인 생각과 자세로 대처하라고 조언해주었다. 화재의 원인이 어떻게 나오든지 재산 피해가 크기 때문에 소송으로 가게될 가능성이 높다며 증거 자료들을 사전에 어떻게 준비해야 하는지도 알려주었다.

평소에 친하게 지내는 후배 중에는 소방안전 관련 학과를 졸업한 취업 준비생도 있었다. 후배는 취업한 선배들에게 자문을 구해 다양한 화재 원인에 대해 설명해주었고, 화재 사고 중 가장 큰 비중을 차지하는 것이 전기 관련 화재라며 전기 화재 자료를 구해주기도 했다.

처음 화재가 발생했을 때는 필자의 사무실에서 불이 번진 것이기 때문에 당연히 필자가 모든 책임을 져야 한다고 생각했다. 주변 상가의 다른 피해자들도 같은 생각이었을 것이다. 하지만 화재 원인에 따른 책임 여부와 소송 진행 방법, 전기 화재 관련 정보를 들으며 공부하다 보니 필자도 충분히 피해자가 될 수 있다는 사실을 알게 되었다.

감식 결과 천만다행으로 화재 원인은 건물 내부에 매립되어 있는 전기선의 합선이라고 판명되었고 사전에 준비해두었던 자료로 신속하게 소송을 진행할 수 있었다. 모든 것을 잃을 뻔했던 때에 주변 사람들의 격려와 도움으로 최악의 상황을 면할 수 있었다.

이외에도 사업을 하면서 받았던 크고 작은 도움은 수없이 많다. '사람이 미래다'라는 기업 광고의 슬로건처럼 장사꾼에게는 '사람이 재산이다'. 모든 것을 다 잘하는 사람은 없다. 혼자서는 미처 볼 수 없는 것을 보고 말해줄 수 있는 주변의 인맥이 당신의 부족한 부분을 채워줄 것이다. 사업을 성공하고 큰 사업을 하려면 주변 사람부터 챙겨야 하는 이유다.

성공한 이를 뛰어넘는 법

누구에게나 닮고 싶은 롤모델이 있다. 어릴 적 읽은 위인전의 인물일 수도 있고 자신이 가려는 분야의 선구자일 수도 있다. 가게를 준비하는 사람도 마찬가지다. 책, 방송이나 신문과 같은 매스컴을 통해 창업으로 성공한 사람을 보고 자극을 받아 창업을 결심하기도 하고 심지어 그와 같은 아이템으로 사업을 시작하기도 한다.

가끔 필자의 블로그나 카페, 홈페이지에 글을 남기거나 메일을 보내는 사람들이 있다. 필자가 쓴 책이나 보도자료, 인터넷에 올린 글을 읽고 무역에 매력을 느낀 사람들이다. 세계를 돌아다니며 물건을 사다 파는 무역상, 큰돈을 벌 수 있고 많은 경험도 할 수 있으니 얼마나 멋있고 즐거운 일처럼 보이겠는가.

하지만 사람들이 보는 것은 현재의 모습일 뿐이다. 필자가 얼마나 힘들게 사업을 시작하고 버텨왔는지는 짐작만 할 뿐 겪어보지 않았기 때문에 체감하기 힘들다. 이는 인기 많은 연예인이나 성공 신화를 쓴 유명 인사를 볼 때도 같다. 그들이 방송에서 자신의 무명시절이나 힘들었던 때를 회상하면서 눈물을 흘리는 순간에만 잠깐 '그런 시절을 참고 이겨냈기에 저렇게 성공할 수 있었구나' 하고 감탄하는 것으로 그치기 쉽다.

하지만 정말 하고 싶은 일이라면 좀 더 나아가야 한다. 자신 역시 그런 어려움을 경험해야 한다는 것을 받아들여야 한다. 창업 상담을 하거나 해외 연수를 진행하며 창업자들의 무역 일을 도와줄 때마다 필자는 절대 지금의 내 모습만으로 장밋빛 미래를 꿈꾸지 말라고 조언한다. 굳이 필자를 롤모델로 삼으려면 지금의 모습이 아닌, 처음 창업을 시작한 8년 전의 내 모습을 따라하라고 말한다.

사업을 시작했을 때 필자는 26살이었다. 대학을 휴학하고 보따리상 일을 배우고자 일본을 오가는 배에 오른 것이 시작이었다. 당시에는 큰 목표도 없었다. 그저 막연하게 내 장사, 내 사업을 하고 싶었다. 더 솔직히 말하면 큰돈을 벌고 싶었다. 하지만 자본금 300만 원으로 시작한 사업의 수익은 너무나 적었고, 아르바이트를 병행하면서 1년 가까운 시간을 뚜렷한 성과도 없이 흘려보냈다. 당시에는 하루하루 버티는 것만으로도 힘에 부쳤다. 그렇게 시간이 흘러가자 가족이나 친구들에게 인정받지 못했고, 무엇보다 자신감을 점점 잃어갔다. 어느 날 너무나 작아진 나를 발견했다.

그때 다짐했다. 어떻게든 성공해서 자랑스러운 아들, 부러움을 사는 성공한 사업가가 되겠다고. 나의 첫 목표는 누구에게나 당당한 사람이 되는 것이었다.

그 이후로 악착같이 일했다. 부족한 자본금을 충당하기 위해서 하고 있던 피자 배달에 더해 아파트 방역, 사설 도로 연수 등 쉬는 날 없이 닥치는 대로 아르바이트를 했다. 어느 정도 밑천이 모이면 일본에서 물건을 구입해 무엇이든 팔아보려고 노력했다. 그렇게 또 다시 1년이 흘렀다. 더 이상 아르바이트를 하지 않아도 장사만으로 돈을 벌 수 있게 되었다. 2년 후에는 대기업에 입사한 친구보다 더 많은 돈을 벌었다. 그때 어떤 일이든 명확한 목표를 세우고 죽을힘을 다해 매진한다면 누구든지 목표를 이룰 수 있음을 깨달았다.

이후로 필자에게는 철칙이 하나 생겼다. 1년에 하나씩 목표를 정하고 그 목표를 반드시 달성하는 것이다. 사람들은 저마다 꿈을 가지고 살지만 대부분은 그저 꿈으로 끝나고 만다. 꿈을 이루기까지의 노력과 시간을 견디지 못하고 중간에 지쳐서 포기해버리기 때문이다. 그래서 필자는 실현 불가능한 큰 꿈보다는 작은 목표를 하나씩 이루어나가는 것이 훨씬 더 의미 있다고 생각한다.

보통 사람에게 42.195킬로미터의 마라톤을 하라고 하면 시작도 하기 전에 포기할 것이다. 하지만 1킬로미터부터 천천히 뛰어보라고 하면 누구나 쉽게 도전할 것이다. 1킬로미터를 뛰고 나면 2킬로미터를 뛰는 것은 어렵게 느껴지지 않는다. 이처럼 시간과 여유를 가지고 조금씩 한계치를 높여가면서 작은 목표를 하나하나 달성해가면 결국 42.195킬로미터의 마라톤도 완주할 수 있을 것이다. 거창한 꿈이 아닌 당장 실천할 수 있는 목표를 세워보는 것은 어떨까? 그 목표를 하나씩 성공시켜나가다 보면 언젠가는 꿈으로만 여겼던 일도 이룰 수 있지 않을까?

이제껏 1년, 5년, 10년의 목표와 계획을 세우고, 그 목표를 달성하기 위해 노력해왔다. 처음 사업을 시작할 때 목표는 연 1억 원의 순이익을 내는 것이었다. 이 목표는 이미 오래전에 달성했고, 아파트와 차도 샀다. 금전적인 목표뿐만이 아니다. 책도 벌써 두 권이나 출간했다. 사업을 하면서 포기한 학업에도 도전해 낮에는 일을 하고 밤에는 야간대학을 다니면서 대학교 졸업장도 받았다. 지금은 대학원에 도전해 계속 공부하고 있다. 앞으로 10년 뒤에는 성공한 사업가이자 살아있는 지식을 전달하는 대학교수가 목표다.

롤모델이 있는 것은 좋은 일이다. 롤모델을 닮고 싶다면, 그처럼 성공하고 싶다면 현재의 화려한 모습은 모두 머릿속에서 지워

라. 그가 목표를 이루기 위해 어떤 계획을 세우고 어떻게 실천해
왔는지, 그 노력을 닮으려고 해야 한다. 그가 이겨낸 시련과 고
통이 자신에게도 닥칠 일임을 생각하고 어떻게 이겨낼지를 고민
하라. 이것이 롤모델을 이용하는 방법이며, 그를 뛰어넘는 방법
이다.

◆ 창업 정보 어디서 얻죠?

중소기업청	www.smba.go.kr	중소기업 및 소상공인 육성 및 지원
소상공인지원포털	www.sbdc.or.kr	소상공인 창업 교육 및 컨설팅, 자금 지원
창업넷	www.changupnet.go.kr	창업 관련 정부 지원 사업 정보 제공
한국여성경제인협회	www.womanbiz.or.kr	여성 기업인을 위한 교육 및 지원
한국프랜차이즈협회	www.ikfa.or.kr	프랜차이즈 박람회 정보 제공
체인정보 KFI	www.franchise.co.kr	국내외 프랜차이즈 아이템 정보 제공
소호무역 창업지원센터	www.sohotrade.co.kr	일본 및 중국 등 해외 무역 창업 정보 제공
금주의 신규 창업정보	www.magicsystem.co.kr	창업 관련 정보 제공
소호월드	www.sohoworld.co.kr	창업 관련 정보 제공
연합창업컨설팅	www.jes2000.com	창업 관련 정보 제공
창업닷컴	www.changuptoday.co.kr	창업 관련 정보 제공

2장

수익이 보장되는
아이템 찾기

66

트렌드를 읽는 눈 즉,
센스가 있어야 좋은 아이템을 고를 수 있고 가게를 키울 수 있다.
창업을 하고 난 뒤에도 트렌드를 읽는 데 소홀하면
시장의 변화를 따라잡을 수 없어 도태되기 쉽다.

99

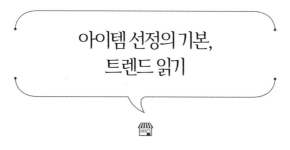

아이템 선정의 기본,
트렌드 읽기

이번에 들려줄 이야기는 한 선배의 창업 스토리다. 선배와는 2년 전 부산의 창업지원센터에서 강의를 할 때 처음 만났다. 강의를 마치고 몇몇 분과 개인 면담을 하던 중 중년 남성이 다짜고짜 필자에게 어느 고등학교를 나왔느냐고 물었다. 알고 보니 모교의 1회 졸업생이었다. 필자는 10회 졸업생이었는데 동문회가 활성화되어 있지 않아 사회생활을 하면서 처음으로 만난 고등학교 선배였다. 우리는 자연스럽게 친해졌다. 선배는 고등학교 후배로서 필자를 무척이나 자랑스러워했고, 필자 역시 선배를 따랐다.

당시 선배는 한의원에서 사무장으로 근무하고 있었다. 선배의 월급으로는 초등학교를 다니고 있는 두 딸의 교육비와 갈수록 늘어가는 생활비를 충당하기가 점점 힘에 부치는 상황이었다. 창업에 생각이 미친 선배는 먼저 창업한 사람의 이야기를 들어나 보자는 생각으로 참석한 강의에서 나를 만난 것이었다.

부산에서 손꼽히는 대학교를 졸업하고 일본에서 유학생활도 한 선배는 일본어도 유창했고 학점도 뛰어났지만 졸업 시기가 IMF 외환 위기와 겹쳐 취업에 어려움을 겪었다. 그러던 중 평소 알고 지내던 한의원 원장의 추천으로 사무장으로 근무하게 되었다. 편안한 인상에 성격도 서글서글해서 주변에 사람이 항상 많았고, 근무하던 한의원에서는 거의 모든 업무를 도맡아할 만큼 책임감도 강했다. 한의원에 자주 찾아오는 동네 어른들에게 친절하게 대한다는 소문이 난 덕에 선배 때문에 한의원을 찾는 손님들도 많았다.

얼핏 들으면 일본어도 능통하고 사람들과의 유대관계도 좋으니 일본 무역상을 해도 잘할 것처럼 보일 것이다. 하지만 필자는 선배의 창업을 끝까지 말렸다. 선배에게는 흔히 말하는 사업 센스가 없었기 때문이다.

일본을 오가면서 상품을 수입하고 판매하는 일에 일본어를 잘하는 것이 도움은 될 수 있겠지만, 필요조건은 아니다. 눈치 있고 센스 있는 사람은 일본어 한마디 못해도 계산기만 손에 쥐어주면 얼마든지 돈이 될 만한 상품을 구해낸다.

사람들에게 친절하다고 물건을 잘 팔 수 있는 것도 아니다. 고객이 주머니에서 돈을 꺼내게 만들어야 한다. 그러기 위해서는 간이고 쓸개고 다 빼줄 정도로 사람들을 구슬려야 하고 손님과의 치열한 눈치싸움과 기싸움에서 이겨야 한다. 사업을 하려면 흔히 '개떡같이 말해도 찰떡같이 알아들어야 한다'고 하는데 선배는 착하기만 했지 눈치라는 것이 전혀 없었다.

무엇보다 유행과 트렌드를 읽을 수 있는 눈이 있어야 한다. 수입차를 파는 사람은 수입차를 타고 다녀야 한다. 명품을 파는 사람은 명품 가방을 메고 다녀야 한다. 손님에게 상품을 팔기 위해서는 그 누구보다 상품에 대해 잘 알아야 하고 좋아해야 하고 관심을 가져야 한다는 의미다. 선배는 오랜 시간 작은 동네 한의원에서 근무하면서 가족만을 위해 살아와서인지 유행에 뒤처져 있었다. 옷은 형수가 사주는 대로 입고 다녔고 그 흔한 스마트폰조차 가지고 다니지 않았다. 심지어 취미생활이나 관심 분야도 전혀 없었다. 유행과 트렌드를 읽을 수 있어야 우리나라에서 팔릴 만한 아이템을 일본에서 발굴할 수 있다. 그리고 그 아이템을 판매할 수 있어야만 경쟁력이 있는데 선배에게는 그러한 일들이 너무나도 멀게 느껴졌다.

흔히 사업을 해서 성공한 사람에게는 사업가의 유전자가 있다는 말을 한다. 아무리 좋은 아이템을 가지고 아무리 많은 자본금을 쏟아부어도 사업에 자질이 없는 사람은 절대 성공하지 못한다는 것이다. 사업에서 성공한 사람들을 살펴보면 대부분 어떤 현상이나 사물에 대한 판단력, 분별력이 상당히 뛰어나다. 순간순간 상황을 정확하게 판단하고 대처할 수 있어야 사람과의 관계도 원활하게 이끌어갈 수 있고, 시장의 변화에도 민감하게 반응할 수 있다. 어떤 일에서든 수익을 낼 수 있는 능력이 있어야만 사업에 성공할 수 있다. 선배에게는 그런 센스도 부족해 보였다.

무작정 선배의 창업을 반대만 할 수도 없었기에 선배를 도와주기로 했다. 일단 선배에게 가장 필요한 부분은 세상의 트렌드에 익숙해지고 유행을 읽는 방법을 배우는 것이었다. 시간이 날 때마다 백화점이나 시장을 함께 돌아다니며 새로 출시되는 상품을 눈에 익히게 했다. 잡지나 TV를 통해 유행과 트렌드를 배우는 방법도 코치해주었다.

다양한 사람들을 상대하고 어울리는 방법을 익히는 것도 중요했다. 사람이 많이 모이는 인터넷 동호회에 가입해서 정보를 얻는 방법을 가르쳐주었다. 직접 모임에 나가 사람들과 함께 어울리고 인맥을 형성하는 과정도 보여주었다.

몇 개월 후 비로소 선배는 자신에게 딱 맞는 사업 분야를 발견했다. 소호SOHO, Small Office Home Office무역상 대신 수입을 진행하는 수입대행업이었다. 선배의 장점인 편안한 인상과 서글서글한 성격이 빛을 발할 수 있는 사업이었다.

대부분의 소호무역상은 외국 출장을 나가려면 기본적으로 경비가 많이 들기 때문에 한 번 나갈 때 되도록 많은 수량을 구입해 온다. 급하게 필요한 상품이 있더라도 경비가 부담스러워 품절된 상품을 수급하지 못하는 경우도 종종 있다. 이런 무역상들의 불편을 해소하기 위해 수입을 대행해주는 사업으로, 아이템을 직접 판매하는 것이 아니기 때문에 상품을 보는 눈이 없어도 가능했고, 사람들을 만나고 교류하는 것이 선배의 적성과 맞아 일거리는 차츰 많아졌다.

일본을 자주 다니면서 사업 아이템을 구하다 보니 상품을 보는 눈이나 유행을 읽는 눈이 트였다. 그러다 자신감이 생겼는지 자신만의 가게를 내는 데 도전장을 내밀었다. 이번에는 말릴 이유가 없었다. 직접 겪어보고 가능성을 확인한 후에 결정한 일에 누가 딴지를 걸 수 있겠는가. 최근 선배는 온라인 쇼핑몰까지 준비하고 있다.

트렌드를 읽는 눈 즉, 센스가 있어야 좋은 아이템을 고를 수 있고 가게를 키울 수 있다. 창업을 하고 난 뒤에도 트렌드를 읽는 데 소홀하면 시장의 변화를 따라잡을 수 없어 도태되기 쉽다. 그러므로 다양한 경험을 통해 센스를 기르는 데 게으름을 피우면 안 된다. 트렌드를 넘어 사업의 미래를 내다보는 눈을 키우기 위해서는 많은 고민과 경험 이상의 것이 없다.

최신 정보는 경쟁력이다

현대인이 가장 쉽고 빠르게 정보를 접할 수 있는 방법은 단연 인터넷이다. 대한민국에서 가장 똑똑한 사람이 네이버 지식인이라는 우스갯소리가 있을 정도로 인터넷에 접속만 할 수 있다면 언제 어디서든 원하는 정보를 찾을 수 있다. 예전에는 법률 상담을 받으려면 변호사 사무실을 찾아가서 비싼 상담료를 지불해야 했지만 지금은 인터넷에 궁금한 법률 정보나 자신의 상황을 올려놓기만 하면 전문 법조인이 무료로 답변을 달아준다. 법률 외에도 전문 의학 지식, 대학교나 대학원 전공 과제에 필요한 고급 정보들도 마음껏 구할 수 있는 것이 지금의 현실이다. 아마 창업을 준비하는 과정에서도 별반 다르지 않을 것이다. 컴퓨터 앞에 앉아 유망 아이템이나 마케팅 방법을 검색하고 창업과 관련된 정보를 뒤적거리는 것이 대부분일 것이다.

인터넷에 방대한 양의 정보가 떠돌고 있는 것은 사실이다. 하지만 중복되는 정보가 많고, 검증되지 않은 정보도 넘쳐난다. 포털사이트에서 창업과 관련된 키워드를 검색해보면 화면 상단에는 프랜차이즈를 모집하는 업체나 컨설팅 업체의 사이트 목록이 뜬다. 블로그 글들 또한 유망 창업 아이템이라고 유혹하는 광고성 글이 대부분이다. 창업을 하려는 사람이 많아진 만큼 그들을 상대로 돈벌이를 하는 사람도 많아졌기 때문이다. 정확한 정보를 찾아내는 눈이 없다면 광고성 글에 현혹되어 가게를 열기도 전에 낭패를 볼 수 있다.

그렇다면 어떻게 인터넷에서 양질의 정보를 얻을 수 있을까? 스마트폰 전문 액세서리 판매점을 준비한다고 가정해보고 함께 정보를 찾아보자. 스마트폰 관련 사업은 요즘 한창 유행하는 창업 아이템 중 하나다. 국내 스마트폰 사용 인구가 4000만 명을 넘고 스마트폰을 보유한 가구 비율이 80퍼센트에 육박하는 잠재 고객이 형성되어 있는 대형 시장이기 때문이다. 기하급수적으로 늘어나는 핸드폰 판매점과 함께 핸드폰 케이스나 액세서리 등을 판매하는 가게 역시 온오프라인에 관계없이 늘어나고 있다. 스마트폰 액세서리는 중국이나 일본 무역상에게도 최고의 인기 상품이다.

자, 이제 아이템을 정했으니 시장조사를 할 차례다. 앞에서 말했듯이 네이버나 구글 한국 사이트에서 '스마트폰 액세서리'를 검색해봐도 온라인 쇼핑몰이나 프랜차이즈 체인점 모집에 대한 정보가 대부분일 것이다. 이런 정보는 대한민국 사람이라면 누구나 쉽게 볼 수 있는 정보다. 기본적인 국내시장 파악은 물론 필요하다. 하지만 성공하려면 한발 더 앞서나가야 한다.

필자 역시 인터넷을 통해 창업 아이템에 관련된 정보를 얻는다. 대신 국내 사이트가 아닌 해외 사이트를 이용한다. 한류로 인해 한국 문화의 파급력이 커지긴 했지만 아직까지 유행의 흐름은 유럽이나 미국, 일본에서 시작하기 때문이다. 우리나라에서는 아직 출시되지 않은 아이템과 그에 관련된 정보를 수집할 수 있다는 이점도 있다.

해외 사이트를 검색하다 보면 외국어라는 큰 난관에 부딪치게 된다. 하지만 외국어를 못한다고 겁먹을 필요는 없다. 구글에서 무료로 제공하는 인터넷 웹 번역기를 이용하면 한글로 번역된 외국 사이트를 통해서 정보를 얻을 수 있다. 일반적으로 이용하는 인터넷 접속 프로그램인 인터넷 익스플로러internet explorer가 아닌 구글에서 제공하는 크롬chrome을 사용하면 외국 사이트에 접속했을 때 자동으로 한국어로 번역해준다. 물론 완벽하게 번역하진 못하지만 정보를 얻는 데는 큰 어려움이 없을 것이다. 적어도 외국어를 하지 못해서 원하는 정보를 얻지 못하는 불상사는 막을 수 있다. 해외 사이트를 자유롭게 서핑할 준비가 되었다면 이

크롬을 통해 한글로 번역된 야후 재팬 검색 화면(2013년 10월 10일 현재)

제 본격적으로 정보 검색에 도전해보자.

먼저 세계에서 가장 인기 있는 스마트폰인 애플의 아이폰 iPhone에 대한 정보를 일본 사이트에서 검색해보자. 일본은 아이폰 5S의 1차 출시국에 포함되었지만 우리나라는 제외됐기 때문에 일본보다 한 달 이후에나 출시되었다. 그래서 아이폰 5S에 대한 정보는 일본 사이트에서 먼저 얻을 수 있었다. 일본의 온라인 쇼핑몰에서는 다양한 아이폰 5S 액세서리가 벌써 판매되고 있었다. 이런식으로 상품의 정보를 먼저 선점하는 것이 중요하다.

이러한 정보 검색은 일본뿐만이 아니라 전 세계에 걸쳐서 광범

일본의 대표적인 오픈마켓 라쿠텐 검색 화면(2013년 10월 10일 현재)

위하게 이루어진다. 이렇게 외국 사이트를 이용하면 국내의 경쟁
자보다 빨리 아이템 정보를 찾아낼 수 있다. 일찍 일어나는 새가
먹이를 많이 잡을 수 있듯 남보다 먼저 움직여 빠르게 정보를 얻
는 사람이 시장의 변화에 올라탈 수 있고, 새로운 아이템으로 시
장을 선점할 수 있다.

◆ info 유명한 해외 웹사이트는 어디죠?

아마존

www.amazon.com
미국에서 시작한 세계 최초의 인터넷 서점으로 지금은 미국을 비롯한 중국, 프랑스, 독일, 일본, 영국 등 12개국의 국가에서 서비스되고 있는 세계 최대 규모의 종합 쇼핑몰이다. 아이템 역시 책에서 시작해 음반, 의류, 주방용품, 장난감, 차량용품, 컴퓨터 등으로 사업 영역을 확장했다. 전 세계의 다양한 아이템을 가장 빠르고 쉽게 찾아볼 수 있는 웹사이트다.

이베이

www.ebay.com
3억 명이 넘는 회원들이 매일 200만 개가 넘는 상품을 등록하고 거래하는 세계 최대의 전자상거래 사이트다. 전 세계를 상대로 판매하는 글로벌셀러(global seller)들이 가장 많이 활동하고 있는 곳이다. 종종 세계 각국의 희귀한 상품이 경매로 올라오기도 한다.

타오바오

www.taobao.com
중국 최대 규모의 온라인 쇼핑몰이다. '세계의 공장'이라 불리는 중국의 쇼핑몰답게 국내에서 유통되는 패션의류 및 소품, 소형가전, 생활용품의 대부분이 판매되고 있다. 해외 유명 브랜드 상품의 경우에는 모조품이 많이 유통되기 때문에 각별한 주의가 필요하다.

알리바바

www.1688.com
타오바오와 함께 중국의 가장 유명한 쇼핑 사이트다. 소매를 전문으로 하는 타오바오와는 달리 전 세계 무역상을 대상으로 하는 B2B 도매 전문 사이트이므로 중국을 오가는 무역상이 신상품에 대한 정보를 찾기 위해 많이 이용한다. 중국 현지에서 공장이나 도매상을 운영하는 대부분의 업체가 등록되어 있다.

야후 재팬

www.yahoo.co.jp
일본의 대표적인 포털사이트다. 아시아에서 전 세계의 브랜드나 상품이 가장 먼저 소개되는 나라가 일본이기 때문에 한국에서 경쟁력 있는 정보를 가장 빠르게 접할 수 있는 곳이다. 우리나라 네이버나 다음(daum)과 같이 정보 검색은 물론 쇼핑몰도 직접 운영하고 있어 일본에서 유행하는 정보나 상품을 함께 검색할 수 있다.

라쿠텐

www.rakuten.co.jp
일본 최대 규모의 온라인 쇼핑몰이다. 일반적인 공산품부터 식품까지 다양한 상품을 판매한다. 현재는 한국어를 지원하고, 상품을 주문하면 일본에서 한국으로 직접 배송해주는 시스템까지 갖추고 있어 별도의 무역대행업체를 거치지 않고도 편하게 일본의 신상품 샘플을 받아볼 수 있다.

고객 찾기가
아이템 찾기보다 먼저다

최근 신문이나 뉴스에서는 '중산층 붕괴'라는 말이 자주 등장한다. 중산층의 형편이 어려워지고 소비 심리가 위축되면서 백화점부터 재래시장까지 매출이 하락해 큰 어려움을 겪고 있다는 것이다. 사회의 양극화가 심해지면서 중산층은 계속 감소하고 있고 저소득층은 늘어나고 있다. 부익부 빈익빈 현상이 심각해지고 있음을 보여주는 수치다. 그렇기에 요즘 같은 시기에는 아이템과 판로 선정에 많은 고민과 준비를 해야 한다.

요즘 같은 불경기에는 어떤 고객층을 타깃으로 창업해야 할까? 필자는 아이템 선정에 두 가지 철칙을 세웠다.

첫째, 어중간한 상품은 선택하지 않는다. 특히 이런 시기에는 명품과 같은 프리미엄이 붙는 상품을 택하거나 다이소처럼 박리다매를 노리는 저가 상품을 선택하는 것이 유리하다. 경기가 나빠서 백화점 전체 매출은 떨어지더라도 해외 명품관은 손님들로 북적인다. 100만 원을 호가하는 패딩 점퍼가 없어서 못 판다는 소식이 심심치 않게 뉴스를 통해서 들린다. 반면, 대형 마트에서는 10년 전 가격이라는 상품들이 날개 돋친 듯 팔린다. 이렇듯 불황일수록 소비 성향 또한 양극화가 심해진다. 그러므로 창업 아이템을 선정할 때 어중간한 아이템이 아닌 처음부터 확실한 타깃을 선정해서 그에 맞는 아이템과 마케팅으로 승부해야 한다.

필자 역시 일본이나 유럽에서 직수입한 명품을 판매하는 오프라인 매장을 고급 아파트와 주택가가 위치한 상권에서 운영하고 있다. 동시에 중국 시장에서 저렴한 상품을 수입해 옥션, 지마켓과 같은 오픈마켓에서 최저가 박리다매로 온라인 판매를 병행한다. 특정 소비층을 겨냥한 아이템과 그에 맞는 판로로 사업을 운영하고 있는 것이다.

둘째, 고객이 필요한 것이 아닌 좋아하는 것을 판다. 언뜻 이해가 가지 않을지도 모르겠다. 이에 관한 재미있는 이야기가 있다. 페라리를 판매하는 세일즈맨에게 어떤 사람이 물었다. 페라리를 사는 사람은 어떤 사람들이냐고, 얼마나 돈이 많으면 그렇게 비싼 자동차를 살 수 있느냐고 말이다. 세일즈맨의 대답은 예상과 달랐다. 페라리를 사는 사람은 돈이 많은 사람이 아니라 그만큼의 돈을 쓸 만큼 '페라리를 좋아하는 사람'이라는 것이다.

요즘 같은 불경기가 되면 사람들은 먹는 것이나 입는 것 등 일상생활에서 쓰는 돈을 가장 먼저 줄인다. 그럼에도 돈을 아끼지 않는 곳이 있다. 자신이 좋아하는 것 혹은 좋아하는 사람을 위해 쓰는 돈이다. 그럼 사람들이 좋아하는 것을 알기 위해선 어떻게 해야 할까. 필자는 새로운 아이템을 찾을 때나 준비한 아이템의 판로를 개척할 때 동호회를 자주 이용한다.

인터넷 카페 등을 통해 활동하고 있는 동호회 수는 헤아릴 수 없이 많다. 동호회 수나 가입 회원 수, 카페가 얼마나 활성화되어 있는지를 보면 그 분야가 지금 얼마나 인기가 있는지를 알 수 있다. 게다가 동호회에는 그 분야의 최고 전문가나 전문가에 버금가는 마니아들이 활동하고 있기 때문에 아이템 관련 정보를 찾고 공부하기에 더할 나위 없이 좋은 공간이다. 필자가 동호회를 이용하는 방법을 깨닫게 된 계기가 있다.

가수 이효리 씨의 애마로 유명해진 닛산 큐브는 2011년 국내에 정식 출시되기 이전부터 박스카(자동차의 외형이 박스를 쌓은 듯 네모반듯한 모양이라고 지어진 애칭)라는 애칭과 함께 큰 인기를 얻었다. 당시에는 내수형을 직수입해서 들어올 때였으므로 우리나라 도로 사정과 맞지 않게 핸들이 오른쪽에 달려 있었음에도(일본은 차선이 우리와 반대다) 중고차 시장에서 불티나게 팔렸다. 그 때문에 나와 같은 무역상도 바빠졌다. 수입차 딜러들이 무역상을 통해 일본 현지 중고차 매매상이나 경매장에서 자동차를 수입했기 때문이다.

자동차 무역은 자금이 많이 필요하기 때문에 당시의 능력으로는 직수입 중고차 판매 사업에 뛰어들 수 없었다. 대신 주변에서 자동차 수입 의뢰가 들어오면 업무를 대신해주고 수수료를 받는 일 정도만 도와주고 있었다. 그러던 중 저렴하게 외제차를 탈 수 있다는 매력에 필자도 유행하던 박스카를 구입했다. 현지에서는 1000만 원이 채 되지 않는 가격에 살 수 있는 자동차가 국내에서는 1500만 원 이상에 팔렸기 때문에 몇 년 타다가 되팔아도 되겠다는 생각에서였다.

생애 첫 외제차였다. 그때까지만 해도 그 차가 돈벌이가 될 거라고는 생각도 못 했다. 국내에 정식 판매점은 물론 정비센터도 없을 때였기에 자동차를 관리하는 지식과 정비에 대한 정보는 인터넷 동호회를 통해서만 얻을 수 있었다. 처음에는 동호회에 가입하고 정보만 얻다가 자연스럽게 회원들끼리 모이는 정모(정기모임)나 번개(급하게 약속한 모임)에도 참여하게 되었다. 같은 차를 타고 다닌다는 공통점 하나로 사람들과 금세 친해졌다. 서로 자기소개를 하다가 필자의 직업이 일본을 오가는 무역상이라는 것이 알려지게 되었다. 그때부터 예상치 못한 사업 아이템이 생겼다.

동호회 회원들은 자동차 정비에 필요한 소모품부터 사고가 났을 때 수리할 부품까지 우리나라에서는 구할 방법이 없었기에 전량을 일본 현지에서 조달해야만 했다. 자연스럽게 필자에게 자동차 관련 부품을 부탁하기 시작했고 수고비 명목으로 조금씩 받은 돈이 꽤 짭짤한 용돈벌이가 되었다.

일본에서 사두었던 자동차 액세서리를 장식하고 모임에 나가는 날엔 회원들로부터 구입 문의가 폭주하기도 했다. 독특한 자동차를 타고 다니는 사람들이라서 그런지 자동차를 꾸미는 것에도 누구보다 관심이 많았다. 게다가 사업 아이템 발굴을 위해 국내는 물론 일본 현지 상품들을 꿰고 있는 필자가 고른 액세서리인 만큼 누구나가 탐을 내기에 충분한 상품들이기도 했다. 이후 조금씩 동호회에서 이름이 알려지면서 전국의 개인 자동차 정비소에서 자동차 부품 수입 의뢰가 들어오기도 했다.

당시 활동하던 동호회 회원이 약 1만 명이었고 국내에 필자와 같은 자동차를 타는 사람이 5000명 정도였으니 그 사람들 모두가 자연스럽게 고객이 된 것이다. 그 일을 계기로 좋아하는 자동차를 타고 공통의 관심사를 공유하는 사람들과 어울리면서 돈도 벌 수 있음을 깨달았다.

본격적으로 사업을 벌인 것이 아니라 동호회 활동을 하는 중에 용돈벌이 정도로 한 것이었지만 수익을 합치면 아마 차 값은 벌고도 남았을 것이다. 게다가 1년간 타고 다녔던 차는 구입한 가격에 약 400만 원의 웃돈을 받고 팔았다. 직수입했기에 저렴하게 차량을 구입한 이유도 있었지만 현지에서 직접 부품을 수급해 꼼꼼하게 관리했다는 것이 동호회 내에 알려져 있었기 때문에 다른 차량보다 조금 더 좋은 가격을 받을 수 있었다. 충분히 남는 장사였다.

이후로는 인터넷 동호회를 활용하지 않을 수가 없었다. 지금까지 필자가 가입한 인터넷 동호회만 300곳이 넘는다. 물론 모든 곳에서 왕성한 활동을 하는 것은 아니지만 그만큼 다양한 것에 관심을 갖고 공부했음을 방증하는 것이리라.

앞에서도 말했지만 취미생활을 즐기는 사람들은 돈을 아까워하지 않는다. 캠핑이나 낚시, 골프 등과 같이 취미생활을 즐기고 동호회 활동을 하는 사람들은 다른 사람들보다 좋은 장비를 갖고 싶어 하고 자신의 장비를 다른 사람들에게 보여주고 자랑하는 것을 낙으로 삼는 경우가 많다. 동호회를 잘 활용한다면 아이템이나 판로를 발굴할 수 있을 뿐 아니라 자연스럽게 홍보도 할 수 있으니, 동호회는 일석삼조의 시장조사 방법인 것이다.

직접 보고 들은 시장조사가 자산이다

간혹 무역을 하고 싶다며 찾아오는 사람들이 있다. 무역을 하려고 해도 무엇부터 해야 할지 모르겠다고 하소연하는 그들에게 필자는 무조건 외국으로 떠나라고 한다. 책상 앞에 앉아서 정보를 뒤적거리고 돈이 될지 안 될지 계산기만 두드려서는 아무것도 해결되지 않는다. 한 번도 가보지 못한 곳에서 한 번도 만나보지 못한 사람들과 한 번도 보지 못한 상품들을 직접 경험해보지도 않고 무엇이 부족하고 무엇을 준비해야 할지 어떻게 알 수 있단 말인가. 일단 몸으로 부딪히고 눈과 귀로 확인하고 난 후에야 앞으로 무엇을 준비해야 할지도 알 수 있는 것이다. 물론 무조건 사업부터 시작하라는 것이 아니다. 경험해보라는 것이다.

필자는 한 달에 보름 이상은 외국에 출장을 간다. 필요한 상품을 수입하거나 수입할 만한 아이템을 찾기 위해서다. 장사를 시작할 때부터 좁은 국내시장에서 한정된 아이템으로 넘쳐나는 자영업자들과 경쟁하는 것은 실패율이 높다고 생각했다. 일본 무역상을 본 후로는 일본의 아이템과 콘텐츠를 가지고 와서 국내시장에서 승부를 보겠다고 다짐했다. 이후 일본 무역에 어느 정도 자신감이 붙자 다른 나라에도 관심을 갖고 조금씩 영역을 확장해나갔다. 거리상으로 가까운 중국을 포함한 중화권 국가를 시작으로 베트남, 필리핀, 타이 등의 동남아시아를 넘어 최근에는 러시아, 유럽의 아이템까지 주시하고 있다.

물론 이 많은 나라들을 상대로 한꺼번에 사업을 진행하고 있는 것은 아니다. 일본, 중국, 유럽 쪽 상품은 꾸준히 판매하고 있지만 홍콩, 타이, 베트남과 같은 나라들은 틈틈이 아이템을 찾는 곳이다.

그렇게 10년을 보냈다. 여권에는 300개가 넘는 스탬프가 찍혀 있다. 여권에 사증을 추가했음에도 더 이상 스탬프를 찍을 공간이 없어 얼마 전부터는 여권 두 개를 붙여서 가지고 다닌다. 외국 출장을 밥 먹듯이 하는 필자를 부러워하는 사람도 많다. 외국을 다니면서 다양한 사업을 구상하고 수익을 만들어낸다는 것이 무척이나 매력적인 일이긴 하다. 하지만 집을 떠나 다른 나라를 떠돌아다닌다는 게 여간 고단한 일이 아니다. 특히 일정을 여유롭게 짤 수도 없고, 한곳에 오래 있을 수도 없기 때문에 더욱 힘들다.

그럼에도 새로운 사업 아이템과 콘텐츠를 찾을 때는 되도록 국내가 아닌 해외로 눈을 돌리려고 노력한다. 주변 사람들에게도 해외 아이템을 주시하라고 권한다. 그럴 때마다 사람들이 공통적으로 물어보는 질문이 있다.

첫 번째는 언어 문제를 어떻게 해결하는지, 두 번째는 외국 현지에서 도움을 주는 지인이 있는지다. 결론부터 말하면 필자는 유창하게 할 수 있는 외국어도 없고, 외국에 지인이 살지도 않는다.

할 수 있는 외국어라고는 몇 년간 일본을 오가며 실전에서 익힌 기본적인 일본어와 고등학교까지 배운 영어 몇 마디가 전부다. 그나마 일본어는 일본 외에는 사용할 수 있는 나라가 없고, 짧은 영어 실력으로는 간단한 의사소통 외에는 말이 통하지 않는다. 결국 보디랭귀지와 눈치로 모든 것을 해결한다.

유창한 외국어 실력이나 도움을 받을 만한 지인 없이도 많은 나라를 상대로 사업을 할 수 있는 이유는 간단하다. 돈이다. 너무 단순한가? 장사꾼의 가장 큰 꿈과 목표가 큰돈을 버는 것 아닌가? 장사꾼이라면 돈 되는 일에 적극적으로 덤벼들어야 한다. 돈에 대한 절박함이 있다면 누구라도 용기가 생기고 없던 능력도 발휘된다.

필자가 아무런 연고가 없는 나라로 용감하게 떠날 수 있었던 이유 역시 돈이었다. 돈이 되는 일과 아이템을 찾기 위해 두려움

따위는 버리고 맨몸으로 부딪쳤다. 외국에서 만난 사람들도 결국 돈을 쫓는 상인들이었다. 외국인이라고, 말이 통하지 않는다고 애써 웃으면서 잘 보일 필요가 없다. 필자는 상품을 사는 고객이다. 그들은 하나라도 더 판매하려고 애쓴다. 굳이 필자가 유창하게 말하지 않아도 그들이 오히려 소통하려고 노력한다.

벗어난 얘기지만 우리나라 사람들은 외국어 콤플렉스가 심하다. 외국인에게 영어로 응대하지 못하면 부끄럽다고 생각해 외국인이 말을 걸라치면 피하기 바쁘다. 외국에서 난감한 상황이 닥쳐도 쉽게 도움을 청하지 못한다. 외국어를 구사하지 못하는 것은 아주 당연한 일이다. 외국인이 한국어를 하지 못한다고 이상하게 생각하는 사람은 없지 않은가? 오히려 잘하는 것을 신기하게 생각한다. 외국인도 똑같이 느낀다.

외국어 한마디 하지 못해도 물건을 구입하는 데 큰 어려움은 없다. 장사꾼에게는 계산기 하나만 있으면 된다. 그들은 물건을 팔고 싶어 하고, 필자는 물건을 사고 싶어 한다. 그것 외에 뭐가 더 필요한가. 장사꾼에게 부끄러움과 쓸데없는 자존심은 사치다.

만약 중요한 거래를 해야 하거나 의사소통이 필요한 경우라면 전문 통역 가이드를 고용하면 된다. 어설픈 언어로 괜히 거래를 망치는 것보다 비용을 지불하고 전문가에게 부탁하는 것이 현명한 처사다. 간혹 어떤 이는 외국을 오가면서 장사를 하기 위해 언어 공부를 시작했다고 자랑스럽게 이야기한다. 외국어를 잘

하면 왜 장사를 하는가? 통역사나 가이드로 성공하는 것이 훨씬 빠르지 않은가? 겪어보지 않은 채 지레짐작하거나 겁먹지 말자. 외국어 못해도 무역, 할 수 있다.

처음 가보는 나라를 방문할 때 반드시 지키는 몇 가지 원칙이 있다. 첫째, 인터넷을 통해 기본적인 시장이나 상권 정보만 알아보고 그 나라를 방문한다. 인터넷 사이트에서 누구나 쉽게 알 수 있는 정보를 모으려고 시간을 할애하느니 하루라도 빨리 현지에 가서 정보를 얻는 것이 낫기 때문이다. 현지 택시 기사, 호텔 직원, 장사꾼 모두가 필자에겐 중요한 정보 제공자다. 그들은 현지인에게는 유명하지만 외국 사람은 잘 모르는 새로운 시장을 알려주기도 한다.

둘째, 카메라를 절대 손에서 놓지 않는다. 사람이 기억하는 정보에는 한계가 있기 때문에 현지에서 경험한 일이나 상품을 하나도 빠뜨리지 않고 사진에 담는다. 한국으로 돌아오면 며칠간을 사진만 보면서 출장을 정리한다.

이렇게 직접 발로 뛰고 눈으로 확인한 것들은 재산이 된다. 설령 사업 아이템이나 돈벌이를 찾지 못했다 하더라도 넓은 세상을 경험하고 많은 사람을 만나는 것 자체가 큰 재산이라고 생각한다.

◈ 시장조사할 때 뭘 체크해야 하죠?

구분		분석 내용	대응 방안
시장 동향	유행 제품인가? 유망 제품인가?		
	시장의 진입장벽이 낮은가?		
	시장의 수요가 증가하고 있는가?		
	경쟁 업체의 견제는 심한가?		
	유사 제품이 다양한가?		
시장 안정성	새로운 제품 및 대체품 출현 가능성		
	제품 라이프 사이클 위치		
	가격 결정 요소		
	수요자의 제품에 대한 인식		

3장

대박과 쪽박,
사업계획서만
봐도 안다

66

창업의 성공과 실패는
숫자에 의해서만 결정되는 것은 아님을 유념해야 한다.
얼마나 많이 몸으로 부딪쳐서 배우고 실천하느냐에 따라서
그 결과는 달라진다.

99

부정적으로 계획하고, 긍정적으로 실행하라

창업을 하기 전에 사업의 성공 여부를 예상할 수 있는 가장 기본적인 것이 바로 사업계획서다. 사업계획서란 사업에 관련된 전반적인 제반 사항 즉, 사업 목표, 아이템을 판매할 시장의 특성 및 성장 가능성, 상품이나 서비스를 구매할 고객의 특성, 자본금 조달 계획, 종업원 채용 계획 등을 체계적으로 문서화시킨 것을 말한다.

무조건 사업계획서대로만 진행해야 한다는 것은 아니다. 계획서를 작성하면 창업의 준비부터 운영까지 사전에 시뮬레이션해 보며 앞으로 일어날 문제점을 짚어보고 추가로 필요한 부분을 준비해서 시행착오를 줄일 수 있다.

사업계획서는 창업자만을 위한 것이 아니다. 창업을 하는 데 도움을 줄 동업자나 자본금을 지원받을 수 있는 기관 또는 투자자에게 사업의 타당성을 설명하고 그들을 설득하기 위해 작성하는 문서이기도 하다. 실제로 창업자들이 사업계획서를 작성하는 이유는 투자자나 기관에서 지원금을 받기 위해서인 경우가 많다.

사업계획서에는 정해진 양식이 없다. 다만 투자 자금을 지원해주는 기관에 제출할 때는 사전에 심사 기준에 맞는 양식을 알아보고 공신력 있는 자료로 활용될 수 있도록 해야 한다. 이 장에서는 창업자 스스로가 사업 계획을 세우고 전략을 수립하기 위한 기본적인 사업계획서를 작성하는 방법과 유의사항을 소개한다.

사업계획서, 무엇을 써야 할까

일반적으로 사업계획서는 구상하는 사업의 목적과 목표가 무엇이며 어떻게 그 목표에 도달할 것인지에 대한 구체적인 내용을 보여준다. 그렇기에 사업계획서를 작성하는 이유는 아주 단순하다. 창업자 자신이 준비하는 사업을 완벽하게 이해하고 그에 따른 실천 계획을 구체적으로 설계해본다는 것에 의의가 있다.

대부분의 초보 창업자는 단순히 어떤 아이템으로 창업을 해서 돈을 벌겠다는 추상적인 계획만을 가지고 있다. 아이템의 시장성은 어떠한지, 어떻게 상품을 수급할지, 어떤 판로와 마케팅을 통해서 판매할지, 어느 정도의 마진으로 얼마만큼의 수익을 얻을지, 사업에 필요한 자본금을 어떻게 마련하고 배분하며 추가로 필요한 자본금은 어떤 방식으로 조달할지 등은 사업을 시작하고 나서 알아볼 거라고 이야기한다. 하지만 위험한 생각이다. 사업은 부정적으로 계획하고 긍정적으로 실행해야 한다. 사업을 준비할 때는 최악의 상황까지 생각하고 계획을 세워야 하며, 일을 진행할 때는 할 수 있다는 긍정적인 마음으로 해야 한다는 의미다. 그러니 사업의 성패를 결정지을 중요하고도 기본적인 사항은 일목요연하게 정리해두어야 한다. 그것이 바로 사업계획서다.

사업계획서는 크게 서론, 본론, 결론으로 나눌 수 있다. 서론에서는 구체적인 사업 목표를 정하고, 창업을 준비하는 자신의 자질을 점검하며, 아이템의 시장성과 상권 또는 시장 환경을 분석한다. 본론에서는 사업의 타깃이 될 목표 고객을 예상해 고객의 성향을 분석하고 판매할 상품의 마진 및 가격을 책정한다. 가게 인테리어 및 콘셉트 설정, 종업원 채용 계획, 홍보 마케팅 계획도 본론에 포함된다. 마지막 결론에서는 사업에 필요한 예상 투자 비용을 계산하고 부족한 자본금의 수급 계획, 사업의 수익성과 손익 계산 등 재무에 필요한 전반적인 사항을 검토하는 것이 일반적이다.

대부분의 사람들은 가게를 열려고 할 때, 가지고 있는 자본금에 맞춰서 아이템을 선정하고 그것에 맞춰서 창업을 시작한다. 하지만 사업이란 어느 정도의 투자와 도전이 필요하다. 위험 부

담을 전혀 안지 않고 안정적으로 사업을 시작해서는 성공하기
힘들다.

필자는 새로운 사업을 시작하거나 새로운 아이템을 준비할 때
금전적으로나 기술적인 부분에서 진입장벽이 높은 아이템을 선
호한다. 그렇다고 허무맹랑한 사업이 아닌, 지금의 능력에서 한
단계 높은 사업 아이템을 선택한다.

아이템을 정하면, 그에 따라 창업에 필요한 과정을 정리하고
마지막으로 자본금의 규모를 산출한다. 생각보다 자본금이 너
무 많이 든다면 사업 아이템 선정부터 전반적인 사항을 다시 한
번 검토한다. 만약 아이템에 대한 시장성은 크나 자본금이 모자
란데 투자자나 대출을 통해서 수급이 가능할 정도라면 확신을
가지고 추진해볼 만한 배짱도 필요하다.

사업계획서의 조건

1. 완벽한 사업계획서는 없다

사업계획서는 어디까지나 초창기에 사업의 타당성을 알아보기
위한 것이다. 사업계획서만으로 사업 준비의 모든 과정이 결정된
것은 아니다. 준비 단계에서 만들어진 사업계획서가 완벽할 수는
없다. 잠재되어 있던 문제점이 드러났을 때 언제든지 이를 보완

하고, 새로운 아이디어를 추가하겠다는 열린 마음으로 사업계획
서를 작성해야 한다.

2. 자신감이 드러나야 한다

사업계획서의 가장 큰 목표 중 하나는 자신은 물론 동업자나
투자자 등 사업에 도움을 줄 제3자와 사업 계획을 공유하고, 사
업의 타당성을 납득시키는 것이다. 때문에 사업 가능성에 대한
확신과 자신감이 사업계획서에 드러나야 한다.

3. 객관적이어야 한다

무조건 잘될 거라는 자만심은 사업의 부족한 부분이나 약점
을 놓치게 한다. 사업을 계획할 때부터 잘될 거라는 믿음으로 도
전하는 것도 중요하지만, 실패라는 최악의 상황까지 생각하면서
작성해야 한다. 사업에 대해 모르는 사람이 보더라도 수긍할 수
있도록 객관적이고 신뢰성 있는 자료를 토대로 작성해야 한다.
객관적인 통계 자료와 수치를 토대로 해야 실현 가능성 있는 계
획도 세울 수 있다.

4. 누구나 이해할 수 있을 만큼 쉬워야 한다

새로운 사업 아이템을 다른 사람들에게 어필하기 위해서, 자신
의 사업을 돋보이게 하기 위해서는 전문용어나 기술적인 내용을

나열하면 안 된다. 사업 내용이 어렵고 복잡하더라도 누구나 쉽게 이해 할 수 있는 보편적인 사업계획서를 작성해야 한다. 그래야 사업을 설명해야 할 때나 다시 사업 계획을 검토할 때에 내용을 정확히 이해할 수 있다. 쉽고 명확하게 설명할 수 없는 사업은 고객도 이해시킬 수 없다.

5. 자금 흐름이 명확하게 보여야 한다

사업 계획에서 가장 중요한 부분이 바로 자금 계획이다. 또한 사업계획서를 작성하는 목적 중 하나도 동업자나 투자자로부터 자금 지원을 받기 위해서다. 필요한 자본금이 정확히 얼마인지, 자본금을 어디에, 어떻게 투자할 것인지, 예상되는 수익금은 얼마이며 그 수익금을 어떻게 배분할 것인지 등 자금 흐름을 명확하게 보여줘야 한다.

> ## 자금 계획으로
> ## 부족한 자본금을 해결한다

🏪

원하는 사업 아이템으로 창업을 하기 위해서는 과연 얼마만큼의 자본금이 필요할까? 반대로 1억 원의 자본금으로 창업할 수 있는 아이템은 무엇이 있으며 한 달에 얼마나 벌 수 있을까? 창업에 대한 이러한 궁금증은 창업을 준비하는 사람이라면 누구나 가지고 있을 것이다.

이럴 때 필요한 것이 바로 자금 계획이다. 자금 계획을 세우면 가지고 있는 자본금으로 운영이 가능한 사업 아이템이나 규모를 사전에 파악해서 보다 체계적인 사업 계획을 세울 수 있다. 자본금이 부족할 때는 투자자나 자금 지원 기관을 통해 얼마를 지원받아야 하는지도 미리 계산할 수 있다. 또한 투자자나 기관에게 지원을 요청할 때 사업을 통해서 발생할 수익금이 얼마인지와 그 수익금을 어떻게 분배할지를 명확히 제시할 수 있다면 지원받을 확률을 높일 수 있다.

그렇다면 실제 창업에 필요한 예상 자본금과 예상 월수입은 어떻게 산출되는지 알아보자. 창업에 필요한 자본금은 크게 가게(사업장) 구입 및 임대에 쓰이는 '부동산 투자비용', 인테리어 및 설비 마련에 필요한 '개설 투자비용', 사업 초기에 필요한 비상 운영자금 및 각종 마케팅 비용과 같은 '기타 투자비용'으로 나뉜다. 이 중 오프라인 창업의 경우 부동산 투자비용이 가장 큰 비율을 차지하며 온라인 창업의 경우에는 기타 투자비용이 가장 큰 비율을 차지한다.

비교적 많은 자본금을 투자하는 오프라인 창업을 예로 들어보자. 10평 크기의 테이크아웃 카페를 창업한다고 가정했을 때의 투자비용은 다음 페이지의 표와 같다.

표를 보면 테이크아웃 카페 창업에 필요한 예상 창업비용 총액이 약 1억 1000만 원으로 나온다. 물론 상권의 위치나 가게의 규모에 따라서 부동산 투자비용이나 개설 투자비용은 달라질 것이다. 다음의 예는 예상 창업비용을 계산하는 방법을 설명하기 위한 것일 뿐이며, 자세한 창업비용은 상권 조사와 필요한 시설에 따라 다르게 산출된다.

+ 초기 투자비용 예시 +

항목		금액	상세 내역
부동산 투자비용	임대 보증금	3000만 원	
	가게 권리금	3000만 원	
소계		6000만 원	
개설 투자비용	인테리어 비용	1500만 원	
	간판 비용	300만 원	
	주방 시설	1500만 원	커피 머신, 냉장고 등
	매장 시설	500만 원	탁자, 의자 등
	pos 시스템	200만 원	
	재료 구입비	300만 원	
소계		4300만 원	
기타 투자비용	오픈 판촉비	200만 원	
	비상 운영자금	300만 원	
	활동비	200만 원	
소계		700만 원	
총계		1억 1000만 원	

다음은 예상 수익금과 투자 자금을 회수하고 본격적인 이윤을 기대할 수 있는 손익분기점은 어떻게 계산하는지 알아보자. 한 잔에 3000원 하는 커피를 판매한다고 가정했을 때 하루 판매 수량을 동일 상권의 동종 업체를 참고해서 예상해본다. 만약 하루에 150잔의 커피를 팔 수 있다면, 한 달(30일)에 판매할 수 있는 커피는 4500잔이고 월매출은 1350만 원이 된다. 여기에 커피를 만드는 데 필요한 원재료비와 가게 임차비용 및 관리비 그리고 각종 시설 유지·관리비용 등의 판매 관리비를 제외하면 순이익을

계산할 수 있다.

이렇게 예상 월매출액에서 각종 비용을 제하면 월 400만 원 정도의 수익을 예상할 수 있다. 부동산 투자비용, 개설 투자비용, 기타 투자비용을 포함한 총 창업 투자비용 1억 1000만 원을 전액 회수하기 위해서는 약 27개월 정도가 소요된다. 다시 돌려받거나 어느 정도 보장이 가능한 임대 보증금 및 권리금과 같은 부동산 투자비용을 제외하고 순수 개설 투자비용과 기타 투자비용만 두고 계산한다면 12개월 후에는 투자금을 회수하고 순이익을 얻을 수 있다는 결과가 나온다.

✦ 간이 손익계산서(월 단위) ✦

항목	금액	상세 내역
매출액	1350만 원	3000원(객 단가) × 4500잔(월 판매 수량)
매출 원가(재료비)	340만 원	객 단가의 25% 예상
매출 총이익	1010만 원	매출액 − 매출 원가
− 임차료(월세)	250만 원	
− 급여(인건비)	210만 원	150만 원(직원 급여) + 60만 원(식대)
− 홍보비	50만 원	
− 기타 경비 (세금과공과,부가세, 전화비,전기료,등)	90만 원	50만 원(관리비) + 30만 원(수도·광열비) + 10만 원(통신비)
− 월 경비 총액	600만 원	
당기 순이익(월)	410만 원	매출 총이익 − 월 경비 총액

여기서 예를 든 매출 및 수익성은 상권의 입지와 규모 그리고

창업자의 자질과 역량 등 많은 여건에 따라서 달라질 수 있다. 막상 창업을 시작해보면 생각지도 못한 필요자금이 발생하는 경우가 허다하다. 반대로 부동산 투자비용이나 시설 투자비용의 경우는 남들보다 더 열심히 발로 뛰고 알아본다면 예상보다 비용을 줄일 수도 있다.

　창업의 성공과 실패는 숫자에 의해서만 결정되는 것은 아님을 유념해야 한다. 얼마나 많이 몸으로 부딪쳐서 배우고 실천하느냐에 따라서 그 결과는 달라진다. 예상 자본금과 예상 수익금을 계산하는 것은 사업 타당성과 자금 배분의 방향성을 시뮬레이션 해보는 것에 의의를 두는 것이 좋다. 너무 숫자에 매달리다 보면 자금에 대한 부담감으로 정작 도전해야 할 때 망설이거나 포기할 수 있기 때문이다.

> # 매출이 있어도
> # 수익은 없는 기간이 있다

얼마 전 고등학교와 대학 시절을 함께 보낸 친구에게서 오랜만에 전화가 걸려왔다. 대학 시절 공부에는 큰 관심이 없었던 필자와 달리 군 제대 후 대기업 입사를 목표로 열심히 공부했던 친구였다. 학창 시절부터 워낙 꼼꼼하고 매사에 철저하게 계획을 세워 미래를 준비해나가는 스타일이라 졸업과 동시에 조선업계에서 꽤 유명한 대기업에 입사해 친구들 사이에서 부러움을 사기도 했다. 입사 후 얼마 지나지 않아 경험도 쌓고 돈도 많이 벌 기회라며 중국으로 해외 파견 근무를 지원했다. 그 뒤로 자연스럽게 연락이 뜸해지던 때였다.

친구는 며칠 전에 한국에 들어왔다며 대뜸 사무실로 찾아갈 테니 한번 만나자고 했다. 오랜만에 만난 친구와 이런저런 살아온 이야기를 나누던 중 그는 창업을 하고 싶으니 도와달라고 했다. 날고 기는 사람들도 힘들어서 나가떨어지는 이 불경기에, 대기업에 다니면서 부러울 것 없는 친구가 갑자기 웬 창업 타령인지 궁금했다.

친구는 직장생활을 하면서 단 한 번도 자신의 생활에 만족한 적이 없었다. 답답한 직장생활이 도저히 자기와 맞지 않았다. 대학 시절에는 대기업에 취업만 하면 모든 것이 해결될 거라 믿었는데, 입사 후 매일같이 이어지는 야근과 직장 동료와의 보이지 않는 경쟁으로 하루하루가 너무나 힘들었다. 대기업에서 높은 연봉을 주는 데는 다 이유가 있었다. 돈은 조금 적게 벌어도 마음 편하게 내 일을 하면서 살고 싶다는 열망은 점점 커졌다. 중국으로 해외 파견을 갔던 것도 국내 근무보다 쉽게 돈을 모을 수 있고 수당도 많았기에 몇 년 만 고생해서 장사 밑천만 마련하면 그만두겠다는 생각 때문이었다. 그러던 중 경영난으로 회사 분위기가 좋지 않자 이를 계기로 퇴직을 하고 창업을 결심하게 되었다. 이것이 친구가 털어놓은 지금까지의 이야기였다.

의지가 확고하니 일단 이야기나 들어보자는 생각으로 친구의 사업 계획을 물었다. 중국에서 몇 년간 근무했던 터라 중국어에 어느 정도 자신감이 있던 친구는 중국 상품을 수입해 국내에서 도소매를 병행하는 쇼핑몰을 오픈하겠다는 구상을 가지고 있었다. 일반 손님에게 판매하는 상품은 자신이 직접 투자해서 재고를 쌓아놓고 소매로 판매하고, 도매를 원하는 손님에게는 중국 현지에서 상품을 바로 보내주는 수입대행 형식으로 진행하려는 계획을 세우고 있었다.

중국 현지에서 직접 상품을 수입할 수 있으니 소매와 도매를 병행하는 시스템을 갖추고자 한 것이다. 일본을 오가면서 비슷한 사업을 하고 있는 나를 벤치마킹해 중국을 기반으로 사업을 구상해서 오래전부터 차근차근 준비해오고 있었다. 중국에서 생활할 때 친해진 지인들도 있기에 중국 현지 업무도 수월하게 볼 수 있을 거라며 꽤나 구체적인 계획을 세우고 있었다.

몇 달 전부터는 중국의 광저우나 상하이 근처의 유명한 도매시장들을 직접 돌아다니며 시장조사를 하고 취급할 아이템들까지 어느 정도 정해놓은 상태였다. 꼼꼼한 성격답게 사업계획서까지 이미 다 만들어두었다. 내일이라도 당장 시작만 하면 되는데 혹시 놓친 부분은 없는지, 다시 한 번 생각해야 할 부분은 없는지 조언을 구하려고 나를 찾아온 것이었다.

사업계획서를 보니 제법 체계적이고 알차게 만들어져 있었다. 하지만 허술한 부분이 눈에 띄었다. 초보 창업자가 사업 계획을 세울 때 가장 많이 실수하는 부분이 있는데 친구 역시 마찬가지였다.

자본금 배분에 관한 부분이었다. 초보 창업자들은 사업 계획을 세울 때 자본금의 융통과 배분을 가장 어려워한다. 물론 넉넉

한 자본금이 있다면 이곳저곳 사용하고 싶은 데 써도 되지만 대부분의 사람들은 원하는 만큼의 충분한 자본금을 가지고 있지 않다. 힘들게 마련한 자본금을 필요한 부분에 적절히 분배해서 효율적으로 사용하는 일은 누구에게나 어려운 일이다.

친구도 마찬가지였다. 대출 없이 순수하게 자신의 자금으로 창업하기를 희망했으며 준비된 자본금은 총 5000만 원이었다. 창업을 위해 지난 몇 년간 직장생활을 하면서 준비한 것이었다.

사무실 및 창고 임대 보증금	500만 원
쇼핑몰 디자인 및 구축비	200만 원
컴퓨터, 촬영용 카메라, 조명시설 구입비	300만 원
상품 사입비	3000만 원
추가 상품 사입비	800만 원
진열장 및 각종 집기류 구입비	200만 원

친구의 자본금 계획을 살펴보니 칭찬해주고 싶은 부분도 있었다. '추가 상품 사입비' 부분이다. 창업을 시작할 때 대부분은 상품 사입비를 개업과 동시에 모두 소진해버리는 경우가 많다. 상품을 판매한 수익금으로 이후 재고를 사입하면 될 거라고 생각하기 때문이다. 하지만 막상 장사를 해보면 생각처럼 되지 않는다. 뚜껑을 열어보기 전에는 어떤 상품이 판매가 잘될지 누구도 알지 못하기 때문에 사업 초기에는 예상보다 많은 악성재고가 쌓인다. 얼마간은 지속적으로 새로운 상품을 추가해나가며 고

객이 선호하는 상품을 파악하고 가게의 콘셉트를 수정해가는 과
정이 필요하다.

대부분의 초보 창업자들은 준비한 상품과 가게의 콘셉트가 소
비자에게 좋은 반응을 얻을 거라는 근거 없는 확신을 하고 사업
비를 오픈 초기에 다 소진해버린다. 그렇게 시작한 사업이 예상
보다 소비자의 이목을 끌지 못하면 재고는 쌓이고 새로운 상품
을 사들이지 못해 매출이 떨어지는 악순환을 경험하게 된다. 그
에 비해 친구는 총 상품 사입비의 20퍼센트 정도를 추가 상품 사
입비로 생각하고 있었으니 초보 창업자치고는 많은 준비와 고민
을 한 것임에는 분명했다.

하지만 결정적으로 자본금 사용 계획에 큰 문제가 있었다. 사
업 안정기까지 필요한 생활비가 빠져 있었던 것이다. 사업을 시
작해도 일정 기간 동안은 원하는 만큼의 수익이 발생하지 않는
다. 오프라인 매장의 경우 새로운 매장에 대한 소비자의 호기심
으로 오픈 초기에 반짝 매출이 오르는, 소위 '오픈발'이라는 것이
있지만 소비자의 니즈(욕구)를 지속적으로 채워주지 못하면 금세
그 효과도 꺼져버린다. 최소 몇 개월 동안은 시행착오를 거치면
서 자리를 잡아야 하는 것이다.

온라인 창업의 경우는 더욱 심각하다. 대한민국에 수만 개가
넘는 온라인 쇼핑몰 중에서 내 가게를 알리기 위해서는 지속적인
마케팅과 홍보에 투자해야 하는데 대부분의 초보 창업자들은 온

라인 쇼핑몰 준비에만 열을 올리고 정작 중요한 마케팅과 홍보에 대한 시간적, 금전적인 준비는 소홀히 하는 경우가 태반이다.

경험상 오프라인 창업은 최소 3개월, 온라인 쇼핑몰 창업은 최소 6개월 동안 지속적인 투자와 시행착오를 거쳐야만 비로소 정상적인 수익을 기대할 수 있다. 이 기간은 타깃이 되는 소비자의 성향을 파악하고 그에 맞는 아이템을 재구성하며, 가게나 쇼핑몰을 소비자에게 알리는 데 걸리는 시간이다. 충성 고객 즉, 단골 고객을 만들고 고객에게 신뢰를 얻는 기간이기도 하다.

하지만 대부분의 초보 창업자들은 이 기간을 버텨내지 못한다. 창업 준비에 모든 자본금과 에너지를 쏟아부어서 사업 안정기까지 들어가는 금전적인 부담을 감당하지 못하기 때문이다. 결국 제대로 된 사업도 해보지 못하고 중도에 하차하는 경우도 많다.

누구나 마음만 먹으면 창업할 수 있다. 하지만 사업을 유지하고 발전시키는 것은 아무나 할 수 없다. 사업의 성공은 오픈 후 6개월이 좌우한다고 해도 과언이 아니다. 창업은 단거리 100미터 달리기가 아닌 장거리 마라톤과 같다. 조급하게 에너지를 한꺼번에 쏟아부으면 오히려 지쳐서 나가떨어지기 쉽다. 주변 상황을 살피고 경쟁자들을 견제하며 자신의 페이스를 조절해야 한다. 결승점을 통과하는 마지막 순간까지 긴장을 늦추지 않고 버틸 수 있어야 한다.

친구는 조언을 받아들이고 자금 계획을 전면 수정했다. 그 덕에 6개월 동안 매출은 나오지만, 순이익은 제로인 시행착오 기간을 넘어설 수 있었다. 창업을 한 지 1년에 가까운 시간이 흐른 지금 친구는 인터넷 오픈마켓 시장에서 파워셀러로 자리 잡았다.

누구나 할 수 있다는
온라인 쇼핑몰의 함정

온라인 쇼핑몰과 오프라인 매장 중 자본금이 적게 드는 것은 무엇일까? 이 질문에 답하는 대부분의 사람들은 생각할 가치도 없다는 듯이 온라인 쇼핑몰을 꼽을 것이다. 똑같은 아이템을 판매하더라도 온라인 쇼핑몰은 컴퓨터만 있어도 창업이 가능하지만 오프라인 매장은 큰돈을 주고 상가를 임대하고 비싼 인테리어도 해야 하기 때문이다. 그래서 자본금이 부족한 창업자들은 오프라인 매장 창업은 엄두도 내지 못하고 비교적 적은 자본금이 필요하다고 느끼는 온라인 쇼핑몰 창업에 뛰어든다.

문제는 바로 여기서부터 시작된다. 오프라인을 통해서만 상품과 서비스를 판매하고 제공하던 시대는 끝났다. 전 세계 유통의 대부분이 온라인 시장으로 빠르게 재편성되고 있다. 온라인이 일

상화된 지는 오래고 이제는 모바일 시장으로 넘어가고 있는 실정이다. 이는 즉, 온라인 시장은 이미 포화상태임을 뜻한다. 이러한 현상을 증명하듯 현재 수많은 자영업자들이 너도나도 온라인 시장으로 뛰어들고 있다.

오프라인 매장의 경우 창업 자본금의 대부분이 초기 준비 과정에 소비된다. 매장을 차릴 상가 임대, 권리금, 인테리어 비용 등을 따지면 초기 창업자금은 오프라인 매장이 월등히 높다. 반면 좋은 입지에 멋진 인테리어로 꾸민다면 그 앞을 오가는 사람들은 가게가 새로 생겼다는 것을 알게 되고, 자연스럽게 손님이 찾아온다. 오픈하자마자 수익을 기대할 수 있는 것이다.

온라인 쇼핑몰은 다르다. 쇼핑몰을 만드는 것 자체에는 많은 자본과 시간이 필요하지 않지만 만들고 나서가 문제다. 현재 수만 개의 쇼핑몰이 영업을 하고 있으며, 하루에도 수백 개의 쇼핑몰이 만들어지고 문을 닫는다. 이러한 온라인 시장에서 소비자가 어떻게 새로 생긴 쇼핑몰을 알고 찾아올 것인가? 누가 상품을 구입해줄 것인가?

온라인 쇼핑몰 창업에서는 홈페이지를 오픈한 후부터 진짜 투자가 시작된다. 즉, 창업 자본금이란 단순히 가게를 오픈하는 데 필요한 비용이 아니라 사업을 통해서 실질적인 수익이 발생하기까지 필요한 모든 비용을 뜻한다. 앞서 언급했듯이 자리를 잡고 안정적인 수익이 발생하기까지 짧게는 3개월에서 길게는 6개월의 시간이 걸린다.

필자가 일본에서 수입한 여성 속옷 쇼핑몰을 운영할 때였다. 지금은 억소리 나지만 2008년 당시 쇼핑몰을 오픈하는 데 자본금은 1000만 원이 채 들지 않았다. 그중 대부분은 초기 상품 사입비였으며 온라인 쇼핑몰을 만드는 데는 50만 원 정도밖에 쓰지 않았다. 처음에는 상품을 수입하고 사진을 찍고 쇼핑몰에 올려만 놓으면 장사가 잘될 줄 알았다. 인터넷이나 TV에서 봐왔던 수억 원대 매출의 쇼핑몰 사장님이 될 줄 알았다.

하지만 쇼핑몰을 오픈하고 한 달이 지나고 두 달이 지나도 매출은 나오지 않았다. 쇼핑몰을 오픈한 후 3개월 동안 팔린 속옷이라고는 달랑 2개였다. 이렇게 참담한 결과가 나온 이유는 간단했다. 쇼핑몰에 들어오는 방문자가 없었기 때문이다. 그때부터 쇼핑몰을 알리기 위해 각종 포털사이트에 광고를 하기 시작했고 그러고 나서야 조금씩 매출이 늘어나기 시작했다.

그렇다고 매출이 바로 수익이 되는 것은 아니었다. 광고를 하자 쇼핑몰을 찾는 고객이 늘기는 했지만 생각보다 광고비가 너무 많이 들었다. 온라인 광고 링크를 통해 고객이 쇼핑몰을 방문하더라도 생긴 지 얼마 되지 않아 상품의 가짓수도 부족하고 인지도도 없는 쇼핑몰이었기 때문에 고객이 상품을 구입해주지 않았다. 광고비 대비 매출액 비율이 너무나도 낮았다. 광고를 안 하자니 고객이 아예 들어오지 않고 광고를 하자니 광고비 대비 매출액이 적어 적자가 나는 악순환의 반복이었다.

버티는 것 외에는 달리 방법이 없었다. 그렇게 일본을 오가며 이곳저곳에 납품을 해서 벌어들인 수익의 대부분을 쇼핑몰 광고비로 투자했다. 이후 1년 정도가 지나서야 조금씩 단골 고객도 생기고 쇼핑몰의 인지도도 올라가면서 광고비 대비 매출액이 높아지고 흑자로 돌아서게 되었다. 1년 동안 쇼핑몰에 쏟아부은 광고비만 한 달에 300만 원 가까이 된다. 즉, 소비자에게 쇼핑몰을 알리고 자리를 잡는 데 3000만 원 이상이 소요된 것이다. 물론 많은 수업료를 지불하고 난 지금은 저렴한 비용으로 광고하는 요령을 터득해 효율적으로 쇼핑몰을 운영할 수 있게 되었다.

이렇듯 온라인 쇼핑몰이라고 해서 무조건 적은 자본금으로 큰 돈을 벌 수 있다고 생각하면 오산이다. 오프라인 매장을 임대할 때 권리금을 주는 이유가 무엇인가? 좋은 입지에 많은 손님을 끌 수 있는 매장일수록 권리금은 높게 책정된다. 마찬가지로 온라인 쇼핑몰도 고객을 끌어들이려면 그만큼 투자를 해야 한다. 오프라인 매장에서 매월 임대료를 지불하듯 온라인 쇼핑몰도 고객을 유치하려면 그만한 비용을 지불해야 한다.

온라인 쇼핑몰이라고 무조건 소자본 창업이 가능할 거라고 착각하지 마라. 누구나 시작할 수 있지만 아무나 유지할 수 없는 것이 바로 온라인 쇼핑몰이다.

사업자등록만 잘해도
수익과 세금이 달라진다

기업은 크게 여러 사람들이 함께 책임과 역할을 나누어 운영하는 법인사업자와 사업자 혼자서 단독으로 운영하는 개인사업자로 나뉜다. 기업이라고 하면 흔히 대기업이나 중소기업처럼 많은 직원을 거느린 규모가 큰 회사를 떠올리지만 상품이나 서비스를 소비자에게 제공하고 그로 인해 이윤을 창출한다면 개인사업도 엄연한 기업이다. 때문에 개인사업자도 법인사업자와 마찬가지로 기업을 영위하기 위해선 반드시 사업자등록을 거쳐야 한다.

오프라인 소매점이나 온라인 쇼핑몰과 같은 창업을 준비하고 있다면 개인사업자로 등록하는 데 고민이 없겠지만, 도매나 제조, 무역 등 규모를 키울 수 있는 사업을 준비하고 있다면 그에 적절한 사업자등록을 하고 사업을 진행해야 한다.

오른쪽의 표를 살펴보면 법인사업자가 창업 절차, 자금 조달 및 수익금 배분, 사업자에게 적용되는 세법 등 여러모로 개인사업자에 비해 복잡함을 알 수 있다. 특히 법인사업자등록은 자본금, 등록세, 채권 매입비용 등 설립에 비용이 들고 등기 절차도 복잡하기 때문에 초보 창업자들은 대부분 개인사업자로 창업을 시작한다. 개인사업자는 특별한 조건이나 신고 과정 없이 사업을 영위할 상가나 사무실만 있으면 관할 세무서에서 간단한 신청만으로 사업자등록을 할 수 있다. 요즘은 온라인 쇼핑몰과 같은 통신판매업이 활성화되면서 시설 용도를 변경하지 않더라도 살고 있는 집을 사업장으로 인정해주어 상가나 사무실의 임대 없이도 개인사업자등록이 가능해졌다.

이 장에서는 작은 가게를 준비하는 개인사업자에 대해 좀 더 자세히 다루도록 하겠다.

개인사업자는 창업을 하는 업종, 규모, 지역에 따라 일반과세자와 간이과세자로 나뉜다. 간이과세자는 사업자가 납부해야 하는 각종 세금이 일반과세자에 비해 적다는 이점이 있다. 일반과세자와 간이과세자를 분류하는 기준은 많지만 가장 큰 차이점은 바로 매출 규모다. 전년도 매출 실적을 바탕으로 연매출 4800만 원 이하의 사업자는 간이과세자로 분류되며, 기준 매출 이상은 일반과세자로 분류된다. 간이과세자는 연매출이 4800만 원을 넘지 않는 한 사업의 근속년도에 상관없이 영구적으로 유지

되지만, 제조업이나 도매업처럼 최종소비자를 상대로 사업을 하지 않는 업종은 매출이 기준보다 낮다고 하더라도 일반과세자로 등록해야 한다. 사업장의 소재지에 따라 간이과세자 등록이 불가능한 경우도 있으니 상가나 사무실을 임대할 때 반드시 지역 공인중개사무소에서 해당 사항을 확인해야 한다.

✦ 개인사업자와 법인사업자의 주요 차이점 ✦

구분	개인사업자	법인사업자
창업 절차	사업장 소재지 확보(주거지도 등록 가능) → 관할 세무서에 신청	발기인 정관 작성 → 발기인의 주식 인수 → 주금 납입 → 발기인(창립) 총회 및 이사회 개최 → 법인 등기 신청 → 사업자등록
설립 비용	설립 비용 없음	최소 자본금 100만 원부터 (업종에 따라 최소 자본금이 다름)
자금 조달 및 수익금 배분	창업을 하는 개인의 자금에만 의지하므로 추가 자금 조달에 어려움이 있으나 수익금 배분에 제약이 없음	여러 명의 주주를 통해서 자금을 조달하므로 자금 조달에 용이하나 일단 자본금으로 투자되면 배당 형식으로만 수익금 배분이 가능
책임	사업상 발생하는 모든 문제, 부채, 손실에 대해 사업주가 책임을 짐	• 법인 주주는 출자한 지분 한도 내에서만 책임을 짐 • 대표이사는 주주총회를 통해 결정됨
세법	• 사업주에게 종합소득세가 과세됨 • 종합소득세의 세율은 매출에 따라 5단계로 나뉨	법인에게는 법인세, 대표자에게는 근로소득세, 배당을 받는 주주에게는 배당소득세 과세
기업의 계속성	• 대표자가 바뀌는 경우 폐업 후 다시 사업자등록을 내야 하므로 계속성에 한계가 있음 • 단, 상속이나 공동 사업의 지분 변동이 있는 경우는 변경이나 정정이 가능함	대표자가 변경되는 경우에도 법인은 존속하므로 기업의 계속성이 보장됨
기타	• 세무 신고가 간단 • 사업자 변동 사항은 신고로 처리	• 복식부기 의무가 있어 세무회계 처리 능력이 필요하고 대행하면 수수료가 추가됨 • 법인 관련 변동 사항은 등기로 신청

구분	간이과세자	일반과세자
대상 기준	전년도 매출이 4800만 원 신규 사업자	전년도 매출이 4800만 원 이상인 사업자
세금 계산서 발행	세금계산서 발행 불가능	세금계산서 발행 가능
납부 세액	매출세액 − 매입세액 − 공제세액	매출×업종별부가가치율×10% − 공제 세액
대표 업종	최종소비자를 상대로 하는 소매업 및 통신판매업	도매, 무역, 제조 등 최종소비자를 상대하지 않는 업종

간이과세자와 일반과세자를 비교해보면 특수한 경우가 아닌 이상 세금 혜택이나 사업 운영 전반적으로 간이과세자가 유리함을 알 수 있다. 이처럼 어떤 사업자로 등록하느냐에 따라 창업 절차부터 세금, 회계, 수익 분배 방법이 달라진다. 이 점에 유념하고 사업자등록을 한다면 이후에 사업계획을 세울 때도 도움이 될 것이다.

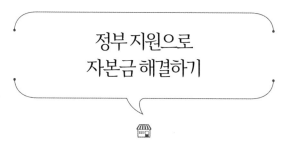

정부 지원으로
자본금 해결하기

창업을 준비하는 과정에서 누구나 현실적으로 부딪히는 어려움 중 하나가 바로 자본금이다. 다른 투자자의 도움 없이 자신의 능력만으로 자본금을 준비할 수 있다면 더할 나위 없이 좋겠지만, 노점상 권리금도 1000만 원이 넘어가는 요즘 같은 때는 창업하는 데 최소 수천만 원에서 수억 원이 필요하다.

대부분의 창업자는 자본금을 마련하기 위해 가족이나 친구 등 주변 사람들에게 돈을 빌리거나 은행에서 대출을 받으려고 한다. 하지만 아무리 친분이 두터운 지인이라고 해도 큰돈을 투자받기는 힘들고, 대출을 받으려고 해도 최소한의 재산이 없거나 신용이 좋지 못하면 여의치 않은 것이 현실이다.

하지만 실망하기는 이르다. 영세 자영업자가 창업 자본금을

신용 조사·심사

보증 상담

대출 상담

대출 실행

소기업
소상공인

대위변제청구

보증서발급대위변제

지역
신용보증재단

금융회사

+ 신용보증제도 업무 흐름도 +

지원받을 수 있는 방법이 있기 때문이다. 그중에서도 나라에서
시행하는 신용보증제도를 이용하는 방법을 알아보자. 신용보증
제도란 물적 담보력은 미약하지만 사업성과 성장 잠재력이 높고
신용 상태가 양호한 소상공인의 신용을 국가가 보증해 금융기
관에서 원활하게 자금을 조달받을 수 있도록 하는 제도다. 전국
에 총 16개의 신용보증재단이 운영되고 있으며 사업을 하고 있
거나 준비하는 사람이라면 누구나 혜택을 받을 수 있다. 신용보
증재단을 이용하면 일반 신용대출보다 대출 가능 금액이나 금리
면에서 월등히 유리한 조건으로 대출받을 수 있다.

　사업 자금이 필요한 소상공인이 재단에 보증을 신청하면 지역의 신용보증재단에서 신용 조사와 보증 심사를 한다. 사업성과 신용이 적합하다고 판단되면 금융회사에서 대출받을 수 있도록 재단이 보증을 해준다. 신용보증제도의 자세한 신청 절차는 아래와 같다.

―――――――――――――――――――――― 신용보증제도 신청 절차

1. 보증 상담

기업의 현황을 설명할 수 있는 대표자가 직접 상담한다.

2. 서류 제출

신용보증신청서, 주민등록등본, 사업장 및 거주 주택의 부동산 등기부등본(임차인 경우는 임대차계약서), 금융거래확인서, 재무제표(신청기업 제시 또는 회계사 확인), 기업실태표, 법인인 경우 법인 등기부등본 등 보증 심사에 필요한 서류를 구비해 제출한다. 지역마다 제출하는 서류에 차이가 있을 수 있다.

3. 신용 조사 및 사업장 조사

재단에서 신용 조사 자료를 수집하고 제출한 서류의 진위 여부를 확인한다. 그 후 경영진의 경영 능력, 사업 의지, 영업 현황

등을 확인하기 위해 담당자가 사업장을 직접 방문한다. 이때 제출 서류와 사업장 현황을 대조한다.

4. 보증 심사

서류 심사와 신용 및 사업장 조사 결과를 바탕으로 내부 심사 기준에 따라 심사한다. 심사 기준에는 기업의 신용도, 사업 전망, 보증 신청 금액의 타당성 등이 포함되며, 심사를 통해 보증 지원 여부 및 지원 금액을 결정한다.

5. 보증서 발급 및 대출 실행

신용보증 약정을 체결하고 전자보증서를 발급한다. 보증서가 발급되면 신청인은 금융기관에서 담보 없이 대출이 가능하다.

신용불량자거나, 이전에 받은 대출금을 연체하고 있거나, 세금을 체납하고 있는 등의 신용상에 문제가 있지 않은 이상 사업자라면 누구나 이용할 수 있다. 특히 지식서비스업, 문화콘텐츠업, 제조업을 운영하는 창업 후 3년 이내의 만 39세 이하 청년 창업자, 창업 후 3년 이내의 만 40세 이상 시니어 창업자, 창업을 시

작한 지 3개월이 지나 대기업의 골목상권 진입으로 피해를 입은 영세 자영업자 등이 빠르고 간편하게 자금을 지원받을 수 있도록 신용보증지원 절차를 간소화하고 심사 기준을 완화한 특례보증제도도 운영되고 있다.

소상공인지원센터와 같은 각 지역의 중소기업청 산하 교육 및 지원기관에서도 무료 창업 교육 후 특례보증으로 대출을 지원하고 있다. 이러한 소상공인을 위한 신용보증제도 및 특례보증제도는 각 지역 소상공인지원센터로 문의하면 자세한 이용 절차와 다양한 정보를 얻을 수 있다.

✦ 전국 소상공인지원센터 정보 ✦

지역	센터명	전화번호	관할 지역
서울	북부센터	02-990-9101	강북, 성북, 노원, 도봉
서울	남부센터	02-585-8622	강남구, 서초구, 동작구, 관악구
서울	동부센터	02-2215-0981	중랑, 광진, 강동, 송파
서울	중부센터	02-720-4711	중구, 종로, 용산, 마포, 서대문구, 은평, 동대문, 성동,
서울	서부센터	02-839-8312	강서, 양천, 구로, 영등포, 금천
서울	남부센터	051-633-6562	부산진구, 연제구, 동래구, 금정구
서울	동부센터	051-761-2561	남구, 수영구, 해운대구, 기장지역
서울	북부센터	051-341-8052	북구, 사상구, 강서구
서울	중부센터	051-469-1644	중구, 영도구, 서구, 사하구, 동구
서울	북부센터	053-341-1500	동구, 서구, 북구, 수성구
서울	남부센터	053-629-4200	중구, 남구, 달서구, 달성군
광주	북부센터	062-525-2724	동구, 북구
광주	서부센터	062-954-2084	광산구
광주	남부센터	062-366-2122	서구, 남구

지역	센터명	전화번호	관할 지역
인천	남부센터	032-437-3570	연수구, 남구, 남동구, 중구, 동구, 옹진군
인천	북부센터	032-514-4010	부평구, 계양구, 서구, 강화군
대전	북부센터	042-864-1602	유성구, 서구, 대덕구
대전	남부센터	042-223-5301	중구, 동구
울산	울산센터	052-260-6388	중구, 남구, 북구, 동구, 울주군
경기	이천분소	031-644-2286	이천시, 여주군, 양평군
경기	안산센터	031-482-2590	안산시
경기	안양센터	031-383-1002	안양시, 군포시, 의왕시, 과천시
경기	광명센터	02-2066-6348	광명시
경기	평택센터	031-656-5302	평택시, 안성시
경기	의정부센터	031-876-4384	의정부시, 동두천시, 남양주시, 구리시, 포천시, 양주시, 연천군, 가평군
경기	성남센터	031-788-7341	성남시, 광주시, 하남시
경기	화성센터	031-8015-5301	화성시, 오산시
경기	시흥분소	031-404-1300	시흥시
경기	수원센터	031-244-5161	수원시, 용인시
경기	부천센터	032-655-0381	부천시, 김포시
경기	고양센터	031-925-4266	고양시, 파주시
강원	태백분소	033-554-1950	태백시, 정선군
강원	속초분소	033-638-1950	속초시, 양양군, 고성군
강원	춘천센터	033-243-1950	춘천시, 홍천군, 인제군, 양구군, 화천군, 철원군
강원	강릉센터	033-645-1950	강릉시, 동해시, 삼척시, 속초시, 양양군, 고성군, 태백시, 정선군
강원	원주센터	033-746-1950	원주시, 횡성군, 평창군, 영월군
충북	충주센터	043-854-3616	충주시
충북	옥천센터	043-731-0924	보은군, 옥천군, 영동군
충북	음성센터	043-873-1811	음성, 괴산, 증평
충북	제천센터	043-652-1781	제천시, 단양군
충북	청주센터	043-234-1095	청주시, 청원군, 진천군
충남	서산센터	041-663-4981	서산, 태안, 당진, 홍성, 보령

지역	센터명	전화번호	관할 지역
충남	공주센터	041-852-1183	공주시, 청양군, 세종특별자치시
충남	논산센터	041-733-5064	논산시, 계룡시, 부여군, 서천군, 금산군
충남	천안아산센터	041-567-5302	천안시, 아산시, 예산군
전북	정읍센터	063-533-1781	정읍시, 김제시, 고창군, 부안군
전북	전주센터	063-231-8110	전주시, 완주군, 진안군, 무주군
전북	익산센터	063-853-4411	익산시
전북	군산센터	063-445-6317	군산시
전북	남원센터	063-626-0371	남원시, 장수군, 임실군, 순창군
전남	목포센터	061-285-6347	목포시, 나주시, 장흥군, 강진군, 해남군, 영암군, 무안군, 함평군, 영광군, 장성군, 완도군, 진도군, 신안군
전남	순천센터	061-741-4153	순천시, 광양시, 구례군, 보성군, 고흥군, 곡성군, 화순군, 담양군
전남	여수센터	061-665-3600	여수시
경북	구미센터	054-475-5682	구미시, 김천시, 상주시, 성주군, 칠곡군, 고령군, 군위군
경북	포항센터	054-231-4363	포항시, 영덕군, 울진군, 울릉군
경북	경주센터	054-776-8343	경주시, 경산시, 영천시, 청도군
경북	안동센터	054-854-3281	안동시, 영주시, 문경시, 의성군, 봉화군, 예천군, 청송군, 영양군
경남	김해센터	055-323-4960	김해시, 양산시, 밀양시
경남	통영센터	055-648-2107	통영시, 거제시, 고성군
경남	창원센터	055-275-3261	창원시(구 마산시, 진해시), 창녕군, 함안군
경남	진주센터	055-758-6701	진주시, 사천시, 산청군, 의령군, 남해군, 하동군, 거창군, 함양군, 합천군
제주	제주센터	064-751-2101	제주도 전역

4장

매출이
두 배로 뛰는
예쁘고 독특한
가게 만들기

66

단순히 좋은 상품을 판다고 장사가 잘되는 것이 아니다.
상품을 어떻게 포장하느냐, 어디에서 파느냐,
고객의 입장을 얼마나 생각하고 공감대를 형성했느냐가
상품의 질 못지않게 중요해졌다.

99

가게 이름,
짓는 것보다 지키는 게 중요하다

얼마 전 뉴스에서 서울 강남의 유명한 간장게장 골목의 식당 종업원과 사장이 흉기를 휘두르며 난투극을 벌인 이야기가 보도되어 전국적으로 화제가 된 일이 있었다. 우리나라에서는 물론 일본인이나 중국인 관광객들을 사이에서도 유명한 간장게장 골목은 현재 십여 곳이 넘는 간장게장 전문 식당들이 성업 중이다. 이 중 같은 이름을 사용하는 식당끼리 누가 원조인지 시비가 붙어 난투극까지 일어난 것이다.

이렇듯 전국적으로 맛집 열풍이 불면서 원조라는 타이틀을 두고 시비가 벌어졌다는 이야기가 곧잘 들린다. 나와는 상관없는 일이라고 생각할지 모르지만, 크든 작든 이런 일은 비일비재하다. 게다가 한 번 이런 일이 생기면 행정상 절차를 밟아야 할 뿐만 아니라 법적 공방으로도 번지기 쉽기 때문에 처리하기가 까다롭다. 하지만 쉽게 예방할 수 있는 일이기도 하다. 때문에 창업 준비생이라면 꼭 한 번 짚고 넘어가야 한다.

가게를 준비하는 사람의 고민거리 중 하나는 가게 이름 즉, 상호를 정하는 일이다. 쉽게 기억될 수 있고 사업 아이템을 잘 어필할 수 있으면서도 세련된 이름을 찾기 위해 고심한다. 상호는 주민등록상의 이름과 같다. 수많은 사람들 중에서 자신의 존재를 나타내고 표현하는 가장 기본적인 것이 이름이듯, 무엇을 파는 가게인지를 알리면서 다른 가게와 구분 지을 수 있는 첫 번째 방법이 바로 상호다. 유명한 상호는 브랜드로서의 가치도 높일 수 있기 때문에 처음에 신중하게 결정해야 한다.

여기서 한 가지 예를 들어보자. 할머니 때부터 수십 년간 한자리를 지켜온 식당을 물려받게 되었다. 누구나 이름만 들어도 알 정도로 전국적으로 유명한 식당이었다. 사업 규모가 커지자 프랜차이즈 사업으로 확장하기로 결정했다. 프랜차이즈가 되면 식당 이름이 브랜드가 되고, 전국 각지에서 같은 이름의 식당이 운영되는 것이었다. 그런데 사업을 추진하는 와중에 문제가 발생했다. 할머니 때부터 수십 년간 사용해온 식당 이름이 다른 사람 명의로 등록되어 있었던 것이다. 자신의 식당임을 모두가 알고 있는데 그 이름을 마음대로 사용하지 못한다는 것이었다.

왜 그럴까? 상표권, 서비스표권 등의 지적재산권에 대한 공부를 했던 사람이라면 한 번쯤은 접해본 이야기일 것이다. 아무리 전국적으로 이름이 알려진 식당이라고 하더라도 상표권을 등록하지 않으면 이름에 대한 배타적 독점권(타인의 사용은 배제하고 혼자만 사용할 수 있는 권리)을 행사할 수 없다. 즉, 내가 처음 식당을 차렸더라도 다른 사람이 먼저 그 이름으로 상표나 서비스표를 출원했다면, 그 이름을 사용할 수 없는 것이다.

상표권은 상품 혹은 브랜드에 대한 권리이며, 서비스표권은 서비스업에 사용되는 이름에 대한 권리다. 누구라도 유명한 상호를 사용하고 싶을 것이다. 그렇다고 마음대로 다른 사람의 상호를 사용한다면 상호를 도용당한 사람은 재산상 큰 손해를 입게 된다. 이러한 상황에 처하지 않도록 보호해주는 것이 바로 지적재산권 즉, 상표권과 서비스표권이다.

상표권을 등록하지 않아도 관할 구역 내에 동일한 업종이나 업태로 같은 상호를 사용하는 가게가 없으면 사업자등록을 할 때 문제가 없다. 상호란 사업장을 표현하는 이름에 지나지 않기 때문이다. 하지만 만약 그 상호가 전국적으로 유명해지고 브랜드화되면 상황은 달라진다.

상표권을 인정하는 기준은 국가마다 다르다. 미국, 영국, 프랑스 등에서는 먼저 사용한 사람에게 상표에 대한 권리를 주는 선사용주의先使用主義를 취하고 있지만, 우리나라는 먼저 등록한 사람에게 그 권리를 주는 선원등록주의先願登錄主義를 따르고 있다. 즉, 먼저 등록한 사람에게 상표에 대한 배타적 독점권이 부여된다. 전국 어디서든 다른 사람이 같거나 유사한 상표를 사용하지 못하게 된다. 그러므로 상호를 결정하면 최대한 빨리 등록하는 것이 중요하다.

반대로 나도 모르게 다른 사람의 상표를 침해했다면 그 또한 문제다. 사업이라는 냉엄한 세계에서 "몰랐다"는 말은 통용되지 않는다. 이런 상황이 발생하면 손해배상을 해야 함은 물론, 조금씩 인지도를 쌓아가고 있던 이름까지 바꿔야 하는 상황이 온다. 때문에 상호를 결정했다면, 사용하기 전에 '특허정보넷 키프리스'(www.kipris.or.kr)에서 등록되어 있는 상표인지 조회해봐야 한다.

누구나 잘되는 가게를 갖고 싶어 한다. 그렇기에 사업을 하는 사람이라면 상표권과 서비스표권에 대해 즉, 자신의 권리를 지키는 방법에 대해서도 알고 있어야 한다. 그럼 상표 등록 절차에 대해 자세히 알아보자.

상표 등록 절차

예전에는 변리사를 통해서 비싼 수수료를 지불하고 상표를 등록하는 것이 대부분이었지만 지적재산권에 대한 인식이 확산되고 상표권 등록이 보편화되면서 지금은 온라인으로도 손쉽게 등록할 수 있게 되었다.

특허청에서 제공하는 온라인 출원 지원 시스템 '특허로'(www. patent.go.kr)에 접속해서 사업자의 이름과 주민등록번호로 인증을 받은 후 출원인 코드를 부여받는다. 그 다음 신분증, 상표등록출원서, 상표 견본(8cm×8cm) 등 상표 등록에 필요한 서류를 제출한다. 법인사업자라면 법인 인감증명서도 준비한다.

출원비용으로는 출원료와 등록료가 청구되는데 상표 최초 출원 시 청구되는 출원료는 5만 6000원이며, 출원 후 상표 등록이 결정되면 10년 치 등록료 21만 1000원을 일시에 납부해야 한다. 출원한 상표는 약 9~10개월 동안 심사를 거쳐 등록 여부가 결정된다. 상표 등록의 목적은 상표 사용에 대한 배타적 독점권을 갖는 데 있으므로, 상표 등록 절차 후 바로 사업을 진행하더라도 큰 문제는 없다.

상표권은 10년의 존속 기간 동안 권리를 행사할 수 있다. 갱신을 신청하면 10년씩 추가로 존속 기간을 연장할 수 있으며, 존속 기간이 만료되었음에도 상표권자가 갱신하지 않는 경우 상표권은 소멸한다.

이후에는 누구든지 그 상표를 사용하거나 등록할 수 있다. 하지만 상표권자가 부득이한 사정으로 갱신 신청을 하지 못했을 경우를 감안해, 상표권 존속 기간이 만료되었다 하더라도 6개월 이내에 갱신 신청을 하면 가산료를 납부하는 조건으로 상표권 재등록을 허용하고 있다.

일주일에 3번, 잘되는 가게를 둘러보라

전국을 다니면서 강연을 하는 데 필자는 자부심과 보람을 느낀다. 강연을 통해 필자의 창업 이야기를 전함으로써 수강해주는 분들께 간접 경험을 선물한다고 생각하기 때문이다. 다른 사람에게 전달된 경험과 지식이 그 사람의 인생에 도움이 된다면 곧 필자의 인생이 그 사람에게 이어진다는 것을 뜻한다. 이 얼마나 대단한 일인가.

한 사람이 일생 동안 경험할 수 있는 것에는 분명 한계가 있다. 하지만 책이나 강연을 통해서라면 짧은 시간 안에 다른 사람이 오랜 기간 쌓은 경험과 지식을 간접적으로나마 경험할 수 있다. 강연을 하는 2시간 동안 사람들에게 이야기를 효과적으로 전달하기 위해서는 더 많은 시간을 준비해야 한다. 책은 또 어떠한

가. 책 한 권을 쓰기 위해서는 인생의 모든 경험과 지식을 쏟아부어야 한다.

창업에서도 마찬가지다. 창업을 준비하기 전에 간접 경험을 통해서 실패한 업체의 시행착오와 성공한 업체의 성공 노하우를 배울 수 있다. 그런 의미에서 원하는 창업 아이템이 있다면 최소한 일주일에 3번 이상은 장사가 잘되는 가게에 찾아가기를 추천한다. 손님의 입장에서 가게의 장점은 무엇이고 부족한 부분은 무엇인지 경험해보라는 것이다. 그 가게의 장점은 벤치마킹하고 단점은 타산지석으로 삼는다.

창업에서의 성공은 눈에 보이지 않는 작은 차이에서 결정된다. 그렇기에 이왕이면 장점보다 단점을 찾는 것이 좋다. 장사가 잘되는 가게에서 부족하고 아쉬운 부분을 찾아내 그것을 수정·보완해서 내 가게에 적용한다면 좋은 결과를 기대할 수 있을 것이다. 하지만 유의해야 할 점은 장점이든 단점이든 단편적으로 파악해서는 안 된다는 것이다.

목표를 이루기 위해 필자가 사용하는 방법이 있다. 목표를 성공하기 위해 실천해야 할 20가지 일을 정하는 것이다. 그것을 책상 앞에 붙여두고 하나씩 실천하면서 지워나간다. 이는 하루에 억대 강의료를 받는 최고의 자기계발 및 동기부여 전문가 브라이언 트레이시가 주로 사용하는 방법이다. 목표를 달성하기 위한 일을 3~4가지 정도 찾아내고 이를 종이에 적는 것은 누구에게나 쉬운 일이다. 하지만 20가지를 생각하는 것은 쉽지 않다. 10가지만 넘어가도 종이를 채우는 것에 어려움을 느낄 것이다. 하지만 20가지의 할 일을 고민하다 보면 다른 사람이 미처 생각하지 못했던 것을 생각할 수 있다.

잘되는 가게보다 더 나은 가게를 만들기 위해 실천해야 할 20가지 일을 정할 때도 마찬가지다. 3~4가지 정도는 그 가게의 눈에 띄는 단점일 것이다. 하지만 계속 써내려가다 보면 다른 사람들이 미처 발견하지 못한 단점이 눈에 보인다. 이렇게 만들어진 리스트는 자신만의 성공 노하우가 된다.

하지만 이것이 생각만으로 끝나서는 아무것도 이룰 수 없다. 많은 고민을 통해서 힘들게 생각한 일들인 만큼 실천하기도 어렵다. 하지만 20가지 할 일을 마지막까지 실천하고 지워나간다면 어느새 그 분야의 최고가 된 자신의 모습을 발견할 것이다.

◈ 경쟁 업체에 가서 무엇을 봐야 하죠?

경쟁 업체의 20가지 단점 리스트를 만들기 전에 우선 그 업체의 전반적인 사항을 숙지할
필요가 있다. 다음의 항목을 참고하여 경쟁 업체의 제반 사항을 정리해보자.

항목 \ 업체명	경쟁 업체 A	경쟁 업체 B	경쟁 업체 C
가격			
서비스			
품질			
주 고객층			
1일 평균 매출 (추정)			
벤치마킹할 부분			

> ## 핫 아이템에 맞는
> ## 핫 플레이스 찾기

악마의 잼 '누텔라nutella'라고 들어본 적이 있는가? 요즘 인터넷을 뜨겁게 달구고 있는 먹거리 중 하나가 바로 누텔라다. 한 번 손을 대면 멈출 수 없을 정도로 맛있지만 칼로리가 높아서 다이어트를 하는 여성들에게 '악마의 잼'이라고 불린다. 이탈리아의 유명 초콜릿 회사인 페레로에서 만든 이 잼은 인터넷 블로그를 통해 우리나라에까지 소개되었고 금세 유명세를 타기 시작했다.

이를 응용한 길거리 음식으로 창업하여 성공한 사례가 생겨나면서 전국적으로 최고의 창업 아이템으로 급부상하기도 했다. 즉석에서 얇은 밀가루 반죽을 구워 그 위에 누텔라와 신선한 과일, 견과류 등을 넣어 만든 크레페가 그것이다. 서울에서 유행하기 시작해서 지금은 전국적으로 많은 전문점이 생겨나고 있다.

10~20대 여성들 사이에서 시작된 폭발적인 인기를 등에 업고 일단 창업만 하면 무조건 대박이 난다는 소문이 돌면서 창업자들이 몰린 것이다.

이렇게 유행하는 아이템은 누가 창업을 하더라도 성공할 거라고 생각하지만, 이런 최고의 아이템으로도 창업 3개월 만에 문을 닫게 된 사례가 있다. 가게의 입지 선정을 잘못했기 때문이었다.

어느 날 평소 알고 지내던 누나에게 연락이 왔다. 일본을 오가며 관광 가이드를 했던 누나인데, 후쿠시마 원전 사고 때문에 일본 관광객이 줄어들어 가이드 생활을 정리하고 이제까지 모아둔 돈을 모두 투자해 창업을 했다는 것이었다. 부산에서도 가장 번화한 지역에서 누텔라로 만든 크레페를 아이템으로 작은 가게를 열었으니 한번 놀러 오라고 했다. 이젠 돈 버는 일만 남았다며 한창 들뜬 모습이었다.

하지만 가게를 직접 방문해본 후에는 불안한 생각이 들었다. 가게의 위치 때문이었다. 유동 인구가 많은 서면 중심가에 위치한 것은 사실이었지만, 가게는 서면에서도 학원이 밀집되어 있는 상권에 위치해 있었다. 공무원 학원은 물론 재수생을 위한 입시 학원까지, 부산에서 가장 규모가 크고 유명한 학원가였다.

물론 유동 인구는 많았다. 문제는 가게 앞을 지나다니는 대부분의 사람들이 돈이 부족한 취업 준비생이나 입시생들이라는 점이었다. 크레페는 젊은층의 수요가 많은 아이템이기 때문에 연령대는 취업 준비생이나 입시생과 맞지만 그들이 3000원짜리 간식을 사 먹으려고 할지 의구심이 들었다. 서울의 노량진 학원가에서 1000원짜리 컵밥이 유행했던 것만 봐도 그들에게는 매일 먹는 한 끼 식사조차 부담스러울 수 있음을 알 수 있다. 그러니 식사 대용으로 먹을 수 있는 아이템을 파는 것이 나을 것 같았다. 하지만 누나는 주변에 토스트나 분식을 파는 가게가 많기 때문에 경쟁력이 없다고 판단했고, 크레페를 사업 아이템으로 선택했다.

물론 틈새 시장을 노리는 것도 좋은 선택일 수 있다. 하지만 한 지역에서 비슷한 아이템이 상권을 형성하고 있다면 그것은 나름대로 이유가 있는 것이다. 그것을 누나는 간과했던 것이다. 이미 창업을 하고 성공을 꿈꾸고 있는 사람에게 괜히 불안해할 만한 이야기를 하느니 우선은 지켜보자는 생각에 더 이상 말을 하지 않았다. 하지만 결국 누나는 3개월 만에 가게 문을 닫았다.

이처럼 창업에서 입지 선정은 굉장히 중요하다. 지역에 따라 잘 되는 아이템이 있고, 목에 영향을 받지 않는 아이템도 있다. 그렇다면 아이템에 적합한 입지 조건이란 무엇일까? 입지를 조사하는 항목은 크게 4가지로 나눌 수 있다.

지역 특성 조사

지역 특성은 업종이나 아이템의 특성이 지역 내 상권과 맞는지를 점검하는 것이다. 만약 10~20대를 타깃으로 하는 식당을 창업한다면 지역을 오가는 유동 인구의 주 연령층은 어떠하며 유동 인구가 어느 정도인지를 먼저 알아본다. 가까운 거리에 쇼핑센터나 극장 등 10~20대가 주로 이용하는 집객 시설이 위치하고 있는지, 시설의 영업 규모나 상태는 어떠한지를 알아봐야 한다. 앞에서 사례를 통해 설명했듯이 상권 내에 거주하거나 주로 활동하는 유동 인구의 소득 수준도 중요한 기준이 된다.

수익 가능성 조사

지역 특성을 감안하여 가게의 대략적인 입지를 정했다면 이제는 보다 세밀한 입지 조건을 살펴보고 만약 이 상권에서 영업을 했을 때 어느 정도의 매출을 기대할 수 있으며 수익성이 얼마나 될지를 따져봐야 한다. 경쟁 업체와는 어느 정도 떨어져 있는지, 경쟁 업체의 매출이나 영업 상태는 어떠한지, 경쟁 업체와 공존할 수 있는지 등을 꼼꼼하게 따져봐야 한다. 요즘에는 한 상권에서 경쟁자 없이 혼자서 한 아이템을 독점한다는 것은 거의 불가능한 일이다. 차라리 경쟁 업체가 모여 있더라도 지역 특성상 아이템에 대한 수요가 충분하고 고객의 증가가 기대되는 상권이라면 도전해 보는 것도 좋은 방법이다. 하나의 아이템으로 상권이 형성된다면 경쟁력 높은 전문 상권으로 발전되어 수요가 더욱 늘어날 수 있기 때문이다.

점포 조건 조사

가게를 얻을 입지를 구체적으로 정했다면 가게가 들어갈 상가의 조건을 살펴봐야 한다. 같은 상권이라 하더라도 코너에 위치한 건물인지 대로변에 위치한 건물인지, 1층인지 지하인지 등 작은 차이가 매출에 큰 영향을 미칠 수 있다. 큰 대로변 코너에 위치한 1층 가게는 누구나 탐낼 만한 입지다. 하지만 업종에 따라 1층이 아니거나 큰 규모가 아니어도 되는 경우가 있다. 가게의 위치, 규모, 형태 등을 따져보고 업종에 적당한 조건이면 되는 것이다. 단, 추가적으로 간판이나 소음 등으로 주변 가게와 문제가 발생할 소지가 있는지를 알아볼 필요가 있다. 고객이 오랜 시간 가게에 머물러야 하는 식당이나 술집과 같은 업종은 주변의 도로시설과 주차장 확보가 유리한지에 대해서도 반드시 확인해봐야 한다.

비용 규모 조사

점포 조건까지 조사하고 나면 자금 문제가 남는다. 가게를 계약하기 전에 반드시 동일 상권의 경쟁 업체와 비교해서 임대료 수준이 적당한지 알아봐야 한다. 물론 입지에 따라 임대료는 차이가 나는 것이 당연하지만 동일 상권에 같은 고객층을 상대로 비슷한 매출을 올린다면 경쟁 업체보다 임대료가 높은 경우 순이익에서 차이가 발생한다. 단순히 임대료뿐만 아니라 건물 관리비와 공과금, 주차비용 등의 기타 비용이 높지 않은지도 꼼꼼하게 따져봐야 한다. 특히 고정적으로 들어가는 비용에서의 작은 차이가 막상 영업을 시작하고 나면 큰 부담이 될 수 있기 때문이다.

전반적인 조건이 아무리 좋아도 반드시 피해야 하는 조건의 가게가 있다. 주인이 자주 바뀌는 곳, 점포 임대료가 유난히 싼 곳은 건물에 큰 하자나 보수가 필요한 경우가 많다. 주변에 대형 경쟁 업체가 있는 곳은 고객을 유치하는 데 어려울 수 있다. 건물 주인이 유사 업종에 종사하고 있을 경우는 장사가 잘되면 주인에게 사업권을 빼앗길 수 있다. 평지가 아닌 언덕에 위치한 곳, 대로변에 있는 상권이라도 맞은편에 상권이 형성되어 있지 않은 곳은 고객이 접근하기 어렵고 가게가 눈에 띄지 않으므로 추후 광고 및 마케팅 비용이 많이 발생할 수 있다. 그러므로 이러한 자리는 되도록 피해야 한다.

반대로 점포 조건을 조사할 때 융통성을 가져야 하는 경우도 있다. 소비자의 시선을 끌어 즉흥적으로 가게로 들어오게 하지 않아도 되는 경우다. 브랜드 인지도가 높은 대형 프랜차이즈 전문점이나 PC방, 당구장 등과 같이 고객이 분명한 목적을 가지고 접근하는 매장의 경우에는 굳이 비싼 임대료를 내면서 1층 매장을 이용하는 것보다 2층이나 3층에 매장을 오픈하는 것이 비용을 줄이는 방법이다.

가게 계약 전
확인해야 할 것들

창업을 하기 위해서는 생각보다 복잡한 행정 절차를 거친다. 대부분의 초보 창업자는 사업자등록만 하면 된다고 생각하지만 오프라인 매장은 사업 아이템과 종목에 따라 인허가를 받아야 사업자등록이 가능한 경우도 있다.

업종에 따라서는 지역이나 건물 용도 때문에 개업이 불가능할 수 있으므로 창업 아이템과 규모를 결정한 뒤에는 지역과 사업장 임대 장소가 허용 가능한 곳인지를 먼저 알아봐야 한다.

업종별로 필요한 인허가 사항과 허가 가능 지역은 안전행정부에서 제공하는 '생활공감지도'(www.gmap.go.kr) 사이트 내의 '인허가 자가진단'이라는 메뉴를 통해 확인이 가능하다. 몇 가지 예를 들면, 유흥주점은 일반 주택지가 아닌 상업 지역에서만 개업이 가능하다. PC방, DVD방, 노래방, 당구장, 담배소매업 등은 학교 근방 200미터 이내에서는 개업할 수 없다. 보다 정확하게 말하면 초·중·고등학교 출입문 기준으로 50미터 이내의 절대정화구역에서는 개업할 수 없고, 학교 경계선 기준으로 200미터 이내의 상대정화구역에서는 해당 교육청으로부터 허가를 받아야만 개업할 수 있다. 절대정화구역과 상대정화구역은 '학교환경위생정화구역 안내서비스'(cleanupzone.edumac.kr) 사이트에서 확인할 수 있다.

음식점을 기준으로 인허가 절차를 살펴보도록 하자. 일반음식점은 식품위생법에 의해 사업자등록 전에 판매할 메뉴의 종류나 매장의 크기에 상관없이 영업 신고를 해야 하는 업종이다. 영업 신고는 사업장 관할 행정부서에 신청한다.

영업 신고를 하기 위해선 도시계획확인원이나 건축물대장에 표시된 지역 및 건물 용도, 수돗물 사용 여부, 주차장 유무와 규모, 도시가스 여부, 안전시설 등 설치 유무, 정화조 용량 등 음식점을 운영·관리하는 데 필요한 기본적인 시설의 사전 점검이 필요하다. 하지만 시설에 대한 인허가는 인테리어를 담당하는 업체에서 기준에 맞추어 시공하고 신고해주기 때문에 창업자는 신경 쓰지 않아도 무방하다. 다만, 한국외식업중앙회에서 주관하는 위생 교육 및 관할 보건소의 위생 검사는 창업자가 직접 받아야 한다.

아이템이 준비되었다고 해서 바로 사업자등록증을 신청할 수

있는 것은 아니다. 창업 아이템을 결정하고 나면 인허가 조건과
구비 서류를 잘 체크해서 그에 적절한 점포를 찾고 전반적인 사
업 계획을 세워야 한다.

🔷 내 가게에 필요한 인허가는 뭐죠?

대표 업종마다 필요한 인허가 조건 및 구비 서류, 허가 가능 지역에 대한 전반적인 사항을 정리했다. 보다 자세한 정보나 다른 업종에 관해서 궁금하다면 영업 소재지를 관할하는 해당 관청에 문의하면 된다.

대표 업종	분류	인허가 조건	구비 서류	영업 가능 지역	관할 기구
일반음식점	일반음식점	신고	위생교육필증, 안전시설등완비증명서	전 지역	시, 군, 구
카페	휴게음식점	신고	위생교육필증, 안전시설등완비증명서	전 지역	시, 군, 구
PC방	청소년게임제공업 및 인터넷컴퓨터게임시설제공업	신고	학교 정화구역 관련심의서	거리제한 200m	시, 군, 구
DVD방	비디오물시청제공업	신고	소방시설, 전기안전점검, 설비개요서	거리제한 200m	시, 군, 구
노래방	노래연습장업	신고	소방시설, 전기안전점검, 설비개요서	거리제한 200m	시, 군, 구/ 경찰서
미용실	공중위생영업	신고	미용 면허증	전 지역	시, 군, 구
헬스장	체육시설업	신고	종합체육시설등록허가, 생활체육 지도사 자격증 사본	전 지역	시, 군, 구
학원	학원	등록		전 지역	지방교육청
약국	약국	개설 허가	약사면허증	전 지역	시, 군, 구
BAR	유흥(단란) 주점	영업 허가	위생교육필증,안전시설등완비증명서	상업지역	시, 군, 구
담배소매업	담배소매업	지정		거리제한 200m	시, 군, 구
펜션	숙박업	영업 허가		거리제한	시, 군, 구
놀이방	보육시설	인가	보육교사 2급	전 지역	시, 군, 구
안경점	안경점	등록	안경사	전 지역	시, 군, 구

싸고 좋은 가게를
얻고 싶다면?

대표 업종마다 필요한 인허가 조건 및 구비 서류, 허가 가능 지역에 대한 전반적인 사항을 정리했다. 보다 자세한 정보나 다른 업종에 관해서 궁금하다면 영업 소재지를 관할하는 해당 관청에 문의하면 된다.

창업을 할 때는 매장을 구하는 데 가장 많은 자본금이 사용된다. 특히, 큰돈이 오가는 부동산 거래의 경우 계약할 때 주의해야 할 사항이 많다. 불필요하게 권리금을 많이 요구하지는 않는지, 보증금을 안전하게 돌려받을 수 있는지 등을 따져봐야 혹시 모를 손해를 줄일 수 있다.

대부분의 초보 창업자들이 원하는 상권에 가게를 얻기 위해 가장 먼저 찾는 곳은 부동산 공인중개사무소다. 그 지역의 공인중개사무소를 찾아가서 원하는 업종을 이야기하고 적당한 위치의 매물이 있는지 묻는다.

하지만 베테랑 사업가들은 절대 부동산 공인중개사무소에서 가게를 찾지 않는다. 공인중개사무소는 어떤 곳인가? 부동산 거래를 연결해주고 수수료를 받아 수익을 창출하는 곳이다. 고객의 희망 업종이나 세부 사항에는 관심이 없다. 어떻게든 자신에게 들어온 부동산 매물을 사람들에게 소개해서 거래를 성사시키기만 하면 그만인 것이다. 소개시켜주는 매장에서 직접 사업을 해본 경험도 없기에 점포의 유동 인구나 특징에 대해 알지 못하는 경우도 많다. 자신이 관리하는 지역 내 모든 매물의 세세한 정보를 아는 것은 불가능하기 때문이다. 공인중개사무소 한 곳이 관리하는 지역에 제한이 있으므로 다양한 지역의 점포를 알아보는 것에도 무리가 있다.

물론 부동산 거래에서 공인중개사를 배제하고 독단적으로 처리해서는 안 된다. 부동산 계약을 할 때는 혹시나 모를 사고에 대비해 공인중개사를 통하는 것이 좋지만 최소한 가게는 직접 찾아야 한다.

앞서 설명한 입지를 조사하는 방법에 따라 업종과 조건에 맞는 가게를 찾는다. 원하는 가게를 발견하고 나서 가장 먼저 할 일은 가게의 전반적인 상황을 살펴보는 것이다. 시간이 될 때마다 가게를 찾아가 손님인 척 분위기도 살피고 손님이 하루에 몇 명이나 방문하는지도 꼼꼼하게 살펴본다. 영업하고 있는 가게를 그대로 인수할 것도 아닌데 매출까지 신경 쓸 필요가 있을까 생각하겠지만 절대 아니다. 경기가 좋지 않은 요즘은 쉽게 창업을 했다가 금방 문을 닫는 가게가 부지기수이기 때문에 사업을 정리하고 가게를 내놓는 사업자들이 권리금을 더 많이 받기 위해 사전에 철저히 준비하는 경우가 많다. 그러므로 현재 영업 중인 가게의 전반적인 분위기와 매출을 알고 있어야 권리금 협상에서 유리하다.

가게를 찾을 때는 '점포 임대'라고 써놓은 곳만 살펴서는 안 된다. 정말 마음에 드는 자리에 가게가 있다면 현재 운영하고 있는 사장에게 넌지시 가게를 넘길 의향은 없는지 물어보고 설득하는 것도 좋은 방법이다. 물론 영업이 잘되고 있는 가게는 힘들겠지만 한눈에 보기에도 큰 소득이 없어 보이는 가게는 예상보다 쉽게 저렴한 가격에 인수받을 수 있다. 그렇다면 부동산 계약을 할 때 초보자가 주의해야 할 사항에 대해서 살펴보자.

권리금

권리금이란 가게를 인수받을 때 이전의 가게 주인에게 가게의 잠재된 고객과 영업 방식을 이어받는 대가로 지급하는 돈이다. 초보 사업가는 권리금을 왜 지불해야 하는지, 어느 정도의 권리금을 지불해야 하는지를 알지 못해 전 가게 주인이 요구하는 대로 터무니없이 높은 권리금을 지불하는 경우가 많다. 권리금은 보증금과 달리 이후에 가게를 내놓을 때 준 만큼 돌려받을 수 없는 경우가 많기 때문에 권리금의 정확한 개념과 종류를 파악하고 지불해야 한다.

권리금은 크게 바닥 권리금, 영업 권리금, 시설 권리금으로 나뉜다.

바닥 권리금은 업종이나 매출 등에 상관없이 상권에 따라 기본적으로 형성된 권리금이다. 역세권이나 유동 인구가 많은 A급 상권일수록 바닥 권리금이 높다. 바닥 권리금의 시세는 인근 부동산 사무실에서 알아보거나 동일 상권에서 비어 있는 가게나 매출이 거의 없는 즉, 망한 가게의 권리금으로 쉽게 파악할 수 있다.

영업 권리금은 이전 가게에 얼마나 많은 단골손님이 있었고, 많은 수익을 올리고 있었느냐로 책정된다. 때문에 동일 업종으로 인수받을 때는 영업 권리금을 100퍼센트 인정해주면 되지만 다른 업종으로 창업할 때는 분쟁의 원인이 되기도 한다. 대체로 이전 가게 주인에게 1년 치 순이익을 권리금으로 지불한다. 영업 권리금이 높은 업종은 기존 고객을 그대로 물려받는 학원이나 병원 등이다. 기존의 학생 수나 환자 수가 매출로 직결되기 때문이다.

마지막으로 시설 권리금은 초기 투자한 인테리어나 시설에 대한 권리금으로 감가상각 후 남은 시설의 가치를 말한다. 시설 권리금도 동일한 업종으로 넘겨받는 조건이 아니라면 꼭 지불할 필요가 없다. 대부분의 부동산 임대차계약서에는 계약이 만료되면 가게를 원상태로 복구시켜야 한다는 조항이 들어가 있다. 그래서 이전 가게 주인은 가게를 넘길 때 인테리어나 시설을 원상태로 복구해야 하는 부담이 있어 얼마라도 권리금을 받고 시설을 넘기길 원한다. 하지만 인수받는 창업자가 이전 시설이 필요하지 않을 때는 시설 권리금을 줄 필요도 없고, 인테리어하기 편하도록 원상태로 복구해달라고 요구할 수도 있다.

권리금은 상가를 매입하거나 임차할 때 관행으로 인정되고 있지만, 현행법상 권리금에 관한 법적 규정은 존재하지 않는다. 그리고 권리금은 건물 주인에게는 지불할 필요가 없다. 즉, 신축건물이나 비어 있는 점포에는 권리금이 없다. 이런 경우 건물주가 임의로 권리금을 요구할 수 있으니 특별히 주의해야 한다.

부동산 계약 유의사항

1. 부동산 계약 전

부동산을 계약하기 전 정확한 지번과 등기부등본을 확인해야 한다. 부동산등기부등본은 부동산에 관한 권리관계 및 현황이 기재되어 있는 공적인 장부를 일컫는다. 부동산 거래는 큰돈이 오가고 권리관계가 복잡하게 얽혀 있기 때문에 안전한 거래를 위해서는 반드시 철저한 권리분석이 선행돼야 한다. 등기부등본에는 해당 부동산의 지번, 지목, 구조, 면적 등의 기본적인 부동산 현황과 소유권, 저당권, 전세권, 가압류 등의 권리 설정 여부가 기재되어 있으므로 권리분석의 기본이라고 할 수 있다. 부동산 등기부등본은 '인터넷등기소'(www.iros.go.kr)를 통해서 쉽게 발급·열람할 수 있다.

2. 부동산 계약 시

부동산 계약을 진행할 때 가장 중요한 부분은 당사자와 계약하는 것이다. 만약 부득이한 사정으로 대리인과 계약하게 되면 당사자가 직접 작성하고 날인한 위임장과 인감증명서를 확인하고 당사자와 통화하여 다시 한 번 확인해야 한다.

계약서를 작성할 때는 계약서의 모든 내용을 꼼꼼하게 확인한다. 특히 임대 보증금, 임대료, 위약금 등의 금전적인 사항에 대해서는 더욱 주의해서 확인한다. 계약 당사자 간 추가되는 특약사항이 있으면 부동산 중개업소에서 제공하는 표준 계약서에 기록하여 반드시 서면화한다.

계약금과 임대 보증금 등 금전적인 거래는 계약 당사자 명의의 통장으로 입금해야 한다. 간혹 현금으로 주면 싸게 해주겠다고 유도하는 경우는 의심해봐야 한다.

3. 부동산 계약 후

별다른 문제없이 계약이 성사되었다 하더라도 보증금을 안전하게 보장받는 것 또한 중요하다. 법률사무소나 법무법인 등의 공증기관에서 거래 사실을 증명해주는 공증제도, 금전·유가증권·물품 등을 법원의 공탁소에 맡기는 공탁제도, 우체국에서 우편물의 내용을 서면으로 증명해주는 내용증명 등의 제도를 활용하면 보다 안전한 부동산 거래를 할 수 있다.

◈ info 부동산 계약할 때 뭘 체크해야 하죠?

1 계약 전

+ 동일 상권 내 최대한 많은 가게를 방문해서 비교 분석
+ 권리금은 통상 1년 동안의 순이익
+ 건물의 주인은 권리금을 요구할 자격이 없음
+ 건물주의 입회하에 권리금을 특약

2 계약 시

+ 바로 사업이 가능한 가게인지 확인
+ 업종 변경이 가능한지 확인
+ 임대료, 권리금이 적합한지 최종 확인
+ 가압류, 가처분된 가게는 가급적 제외

3 계약서 작성

+ 등기부등본, 건축물대장 등 각종 공증서류를 발급해서 확인
+ 반드시 계약 당사자 간에 계약
+ 시설물의 원상복구 및 계약 해제 조건 등 특약 사항 확인
+ 모든 금전적 거래는 반드시 계약 당사자의 통장으로 이체

감성 인테리어로
고객의 발길을 붙잡는다

소비자의 감성을 흔들어라! 감성 마케팅은 마케팅 분야를 넘어 유통업계에서도 성공을 보장하는 키워드 중 하나다. 특히 최근의 감성 마케팅은 다양한 형태로 나타나고 있다. 예능 프로그램 〈힐링캠프〉로 정점을 찍은 '힐링'은 과도한 경쟁사회의 피로를 풀어주고, 케이블 드라마 〈응답하라 1997〉(2012), 〈응답하라 1994〉(2013)를 통해 이슈가 된 '향수'와 '청춘'은 잊고 있던 추억과 열정을 다시금 일깨워 일상에 활기를 주었다. 이렇듯 소비자는 갈수록 삭막해지고 여유가 없어지는 일상에서 옛 추억을 떠올리거나 편안한 느낌을 주는 것을 찾는다.

이러한 현상은 소비문화에서도 그대로 드러난다. 예를 들어 최근 기하급수적으로 늘고 있는 카페를 떠올려보자. 대기업의 막

대한 자본으로 만들어진 프랜차이즈 카페 사이에서 손님이 끊이지 않는 유명 카페들은 감성 마케팅을 잘 활용하고 있다. 카페를 찾는 고객은 결코 커피 맛으로만 카페를 선택하지 않는다. 독특한 인테리어의 카페, 편안한 분위기의 빈티지 카페, 옛 추억을 떠올릴 수 있는 복고 카페, 핸드메이드 커피를 맛보고 배울 수 있는 카페 등 무엇인가를 느끼고 공유할 수 있는 곳이어야 손님이 모인다.

이뿐만이 아니다. 요즘 인기를 얻고 있는 캠핑은 어떠한가? 사람들은 단순히 야외에서 텐트 치고 야영하는 것에 열광하는 것이 아니다. 자연에서 느끼는 편안함과 일상에서 벗어난다는 자유로움, 이러한 것들을 느낄 여유를 누리고 싶은 것이다. 캠핑이 인기를 끌자 창업 시장에서도 캠핑장의 분위기를 살린 고깃집, 호프집, 카페 등이 우후죽순 생겨나고 있다.

이렇듯 다양한 콘셉트의 가게가 생겨나면서 가게를 오픈하려는 창업자들은 인테리어에 더욱 신경을 쓰게 되었다. 예전에는 무조건 많은 돈을 투자해 전문 인테리어 업자에게 맡겨서 화려하거나 세련된 분위기로 가게를 꾸미는 것이 전부이자 최고였다. 하지만 요즘엔 가게를 운영하는 사람의 특징과 스타일을 살려 가게를 강렬하게 어필할 수 있는 인테리어가 인기다. 게다가 직접 만들고 꾸미는 DIY^{Do It Yourself}가 유행하면서 가게의 인테리어까지 직접 하려는 창업자가 늘고 있다.

가게를 꾸미는 일이 초보자에게는 결코 쉽지 않다. 하지만 포털사이트를 통해 관련 정보를 얻거나 기술을 배울 수 있고, 온라인 쇼핑몰을 통해 필요한 장비나 자재도 구할 수 있으니 한 번쯤은 도전해볼 만하다.

DIY 인테리어가 부담이 된다면 콘셉트만을 구상해 발품을 팔아 각 작업에 필요한 전문 기술자를 직접 섭외하고 일을 의뢰하는 것도 효과적인 방법이다. 간판이나 조명과 같은 전기 작업은 전기 기술자에게, 페인트칠이나 도배와 같은 작업은 도배 기술자에게, 선반이나 테이블과 같은 목공 작업은 목공 기술자에게 각각 맡기면 훨씬 효율적이고 저렴한 비용으로 가게를 꾸밀 수 있다.

인테리어 업체에게 모든 작업을 위임하면 작업은 쉬울지라도 세세한 부분에서 원하는 느낌을 살리기 힘들다. 인테리어 업체는 의뢰가 들어오면 전반적인 콘셉트를 잡고 실질적인 작업은 각 기술자를 섭외해서 작업을 맡긴다. 그렇게 되면 두 번에 걸쳐 말이 전해지기 때문에 이야기가 잘못 전달될 수 있고, 제휴된 업체에게만 일을 맡기기 때문에 재료나 장비에 있어서도 제한이 있다. 게다가 인테리어 업체는 작업비에 수수료까지 포함해서 청구하므로 각각의 전문가에게 직접 일을 맡기는 것보다 최고 30퍼센트의 비용이 추가된다.

고객은 상품을 보거나 서비스를 받기 전에 인테리어로 가게의 첫인상을 판가름한다. 창업자의 센스나 개성이 드러나는 부분이기 때문이다. 인테리어가 마음에 들면 옷도 예뻐 보이고, 음식도 맛있을 것만 같다.

이처럼 단순히 좋은 상품을 판다고 장사가 잘되는 것이 아니다. 상품을 어떻게 포장하느냐, 어디에서 파느냐, 고객의 입장을 얼마나 생각하고 공감대를 형성했느냐가 상품의 질 못지않게 중요해졌다. 많은 돈을 들여 가게를 꾸며야 한다는 뜻이 아니다. 오히려 자주 오고 싶고, 오래 머물고 싶은 가게는 사장의 손때가 묻어 있는, 가게의 곳곳에 숨겨진 이야기가 있을 법한 곳이다. 고객의 감성을 자극하는 인테리어를 위해서는 돈보다 많은 고민이 필요하다.

5장

연예인 쇼핑몰도
부러워할
대박 쇼핑몰 만들기

66

모든 창작물은 많은 시간과 돈을 투자해 만들어진 결과물이기에
이를 사용하는 데 그에 합당한 비용을 지불해야 하는 것은 당연한 사실이다.

99

안전한 결제 시스템으로 고객의 신뢰를 얻다

초고속 인터넷의 보편화와 스마트폰의 보급으로 시공간의 제약이 없어지고 중간 유통의 간소화로 저렴한 가격을 내세운 온라인 쇼핑몰이 우후죽순 생겨나면서 인터넷 상거래의 규모가 해마다 폭발적으로 증가하고 있다. 한국온라인쇼핑협회에 따르면 2015년 기준 국내 인터넷 쇼핑 규모는 29조, M커머스는 24조원이다. 때문에 현재 20~30대 젊은층은 물론 40~50대의 중장년층까지 온라인, 모바일 창업 시장에 뛰어들고 있다.

시장이 커진 반면, 여러 가지 사회 문제도 대두되고 있다. 판매자와 소비자가 직접 만나지 않고 가상의 공간에서 거래가 이루어지기 때문이다. 한 해에만 한국소비자원에 접수되는 피해 사례가 수만 건이 넘는다고 한다. 이에 대한 해결책으로 나온 것이 모든 온라인 상거래를 신고하는 것이다. 예전에는 사업자등록만 하면 누구나 쉽게 온라인 창업을 할 수 있었으나 이제는 통신판매업 신고, 전자지불결제 시스템 설치, 안전결제 시스템 설치 등 사업자 측에서 소비자를 보호하기 위한 장치를 마련하도록 의무화하고 있다. 음식이나 건강식품 등을 판매하는 쇼핑몰처럼 아이템에 따라 오프라인 매장과 같은 인허가를 받아야 하는 경우도 있다. 이 장에서는 온라인 쇼핑몰을 창업하는 데 가장 기본적이면서도 중요한 행정 절차에 대해서 알아본다.

통신판매업 신고

통신판매업 신고란 온라인 상거래를 하는 창업자가 관할 구청이나 시청에 대표자 개인정보, 사업과 관련된 정보를 등록하는 것이다. 온라인 상거래로 인한 피해를 미연에 방지하기 위해 온라인 사업자가 반드시 거쳐야 하는 행정 절차다. 예전에는 개인 사업자 중 일반과세자만 의무적으로 신고해야 했지만 지금은 상대적으로 규모가 작은 간이과세자뿐만 아니라 오픈마켓, 소셜커머스, 카페, 블로그 등 무엇을 통해서든 온라인 상거래를 하려면 반드시 거쳐야 한다.

관할 행정기관의 지역경제과에 신고서와 사업자등록증, 법인사업자의 경우에는 법인등기부등본을 함께 제출하면 된다. 신고서를 작성하기 위해서는 대표자 신분증과 도장도 필요하다. 신청 비용은 매년 4만 5000원인데 간이과세자는 면제다. 신고 후 일주일 내에 담당 공무원으로부터 연락이 오면 신청했던 부서에 방문해 통신판매업신고필증을 수령하면 된다. 관할 행정기관에 직접 방문하지 않고 온라인으로도 간편하게 신고할 수 있다. 정부 민원 포털사이트인 '민원 24'(www.minwon.go.kr)에 방문해서 통신판매업 신고를 하면 2~3일 내에 통신판매업신고필증을 수령하라는 문자가 온다.

전자지불결제 서비스업체 선정

오프라인 매장의 카드 결제 단말기를 쇼핑몰에 구축하는 것을 전자지불결제PG, Payment Gateway 시스템이라고 한다. 온라인 상거래의 특성상 판매자와 소비자가 서로 믿고 거래할 수 있는 시스템이 필요하기 때문에 쇼핑몰이라면 전자지불결제 시스템을 반드시 갖추고 있어야 한다. 하지만 이러한 시스템을 작은 규모의 업체가 자체적으로 구현할 수는 없으므로 카드 회사와 대표 가맹점 계약을 맺고 카드 결제 및 지불을 대행해주는 대신 수수료를 받는 회사를 전자지불결제 서비스업체라고 한다.

간혹 카드 수수료와 세금을 피하기 위해 전자지불결제 시스템을 설치하지 않고 현금 결제로만 쇼핑몰을 운영하기도 하지만, 이런 경우에는 소비자의 안전한 쇼핑을 보장할 수 없기 때문에 주요 포털사이트에 쇼핑몰 등록이 불가능하거나 광고하는 데 제약이 있을 수 있다. 독립적인 개인 쇼핑몰을 운영하는 사업자라면 전자지불결제 시스템을 구축해야 한다.

뒤에 소개할 쇼핑몰 호스팅 업체와 제휴한 곳에 전자지불결제 서비스를 신청하면 카드 수수료 할인이나 설치비 면제 등과 같은 다양한 혜택을 받을 수 있다. 각 업체마다 연회비, 수수료 등에서 차이가 있으니 다양한 업체를 꼼꼼하게 비교한 후 적당한 업체를 선정한다.

에스크로 서비스업체 선정

쇼핑몰에서 상품을 구입하다 보면 간혹 상품이 마음에 들지 않거나 실물이 쇼핑몰에서 올린 이미지와 다른 경우가 발생한다. 이런 경우 소비자는 판매자에게 반품이나 교환을 요구할 수 있고, 판매자는 소비자의 요구를 받아주어야 한다. 그런데 판매자가 반품이나 교환을 거부하거나 상품 값만 받고 사라져버리면 어떻게 해야 할까. 이처럼 온라인 상거래로 벌어질 수 있는 사고를 미연에 방지하기 위해 이용하는 서비스가 에스크로escrow다.

에스크로란 구매자와 판매자 간의 신용관계가 불확실할 때 제3자가 원활한 상거래가 이루어지도록 중개하는 매매 보호 서비스다. 법률용어로는 '조건부 양도증서'라고 한다. 상품을 거래할 때 거래 상품을 제3자에게 맡기고 거래가 성립될 경우 상대방에게 교부할 것을 약속하는 문서로, 주로 부동산 거래에서 쓰이던 것이 온라인 상거래에서는 '결제 대금 예치'를 의미하는 말로 쓰인다. 즉, 상품의 거래 대금을 제3자에게 맡긴 뒤 소비자가 문제 없이 물품 배송을 받은 경우에 판매자에게 판매 대금을 지불하는 것이다.

쇼핑몰 사업자는 에스크로 서비스에 의무적으로 가입해야 하며 쇼핑몰 구축 시 에스크로 서비스 가입을 증빙하는 서류가 없으면 통신판매업 등록 자체가 불가능하다. 에스크로 서비스는 전자지불결제 서비스업체에서 함께 제공한다.

◆info 안전 결제 시스템 어디다 맡기죠?

국내 전자지불결제 서비스업체는 거의 비슷한 수수료와 구매 기간을 서비스한다. 업체별로 20만 원 정도의 시스템 설치비를 무료로 제공하거나 신용카드 업체와 협약해 쇼핑몰을 찾는 고객에게 무이자 할부 행사를 하는 등의 이벤트를 진행하기도 한다. 전자지불결제 서비스를 신청할 때는 업체별 혜택을 비교해서 선택하는 것이 유리하다.

요즘은 인터넷익스플로러 외에도 구글 크롬이나 파이어폭스 등의 웹브라우저를 사용하거나 스마트폰으로 모바일 쇼핑을 즐기는 소비자가 늘고 있으므로 운영하는 쇼핑몰의 연령층이나 수준을 생각해 해당 웹브라우저 및 스마트폰 결제가 가능한지도 확인해볼 필요가 있다.

KG 이니시스
www.inicis.com

LG U+
ecredit.uplus.co.kr

올앳페이
www.allatpay.com

KCP
www.kcp.co.kr

올더게이트
www.allthegate.com

혼자 해도 프로의 손길이 느껴지는 쇼핑몰 관리

약 6년 전 무더운 여름으로 기억한다. 일본을 오가면서 알게 된 50대 초반의 사장님이 업무 관련해서 몇 가지 물어보고 싶은 것이 있으니 사무실로 찾아가도 되겠느냐고 전화를 했다. 대구에서 직수입한 일본 생활잡화를 판매하는 분으로 무역업을 하신 지도 오래된 선배님인데 도대체 무엇이 궁금해서 멀리 부산까지 내려오려고 하실까 의아했다.

몇 시간 뒤 사장님은 시원한 음료수 한 박스와 노트북을 양손에 들고 사무실을 방문했다. 사장님은 자리에 앉자마자 길게 한숨을 한 번 내쉬고는 온라인 쇼핑몰을 하고 싶은데 무엇부터 시작해야 할지 도저히 모르겠다고 고민을 털어놨다.

몇 년 전에 시작한 가게가 초창기에는 수입이 꽤나 괜찮았는데 요즘엔 비슷한 아이템을 판매하는 온라인 쇼핑몰이 많이 생겨나 가격 경쟁이 치열해지다 보니 예전에 비해 매출이 많이 줄었다는 것이다. 그래서 이번 기회에 자신도 온라인 쪽으로 사업을 확장하고 싶으니 쇼핑몰 만드는 방법을 가르쳐달라는 것이었다.

주변에 온라인 쇼핑몰을 만들고 운영하는 방법을 가르치는 학원은 많지만 4~12주의 시간을 투자해야 했다. 당장 먹고살려면 매장도 관리해야 하고 수시로 일본도 왔다 갔다 해야 해서 그 정도의 시간적 여유는 없었다. 그래서 답답한 마음에 쇼핑몰을 운영하고 있던 필자에게 도움을 요청한 것이다.

왠지 그 분과 온라인 쇼핑몰은 어울리지 않았다. 카페에 회원가입을 하고 로그인하는 과정을 설명하고 이해시키는 데 몇 시간이 걸렸다. 당장이라도 도망가고 싶은 마음이 굴뚝같았지만 그동안 여러모로 도움을 받았기에 할 수 있는 한 도와드리자고 마음을 먹었다.

답답한 마음도 이해가 되었다. 어릴 적부터 컴퓨터를 가까이 했던 필자도 막상 온라인 쇼핑몰을 시작할 때는 각종 책을 사서 읽어보기도 하고 주변 사람들에게 물어보기도 했지만, 용어조차 몰라 갈피를 잡지 못해서 혼쭐났던 기억이 떠올랐다.

사장님의 컴퓨터 능력을 알아보는 것이 먼저였다. 다행히 인터넷을 통해 아이템 정보를 얻고 온라인 쇼핑몰을 통해 시장조사 하는 것에 익숙한 분이라 기본적인 웹 서핑, 카페나 블로그 관리 등 전반적인 컴퓨터 능력은 일반적인 50대 분들보다 훨씬 뛰어났다. 단지 쇼핑몰을 직접 운영하려면 어떤 프로그램을 어떻게 공부해야 하는지 모를 뿐이었다. 일단 온라인 쇼핑몰을 관리·운영하기 위해 필요한 기본 프로그램을 바로 활용할 수 있는 기능 위주로 설명을 시작했다.

기본 프로그램은 쇼핑몰 관리자 프로그램, HTML, 포토샵, 세 가지가 있다. 먼저 쇼핑몰 관리자 프로그램은 쇼핑몰에 등록된 상품 관리는 물론 재고 관리, 회원 관리 등 쇼핑몰 운영에 필요한 모든 업무를 관리하는 프로그램이다. HTML은 컴퓨터에 사용되는 프로그래밍 언어 즉, 명령어다. 인터넷상에서 보이는 쇼핑몰 페이지의 원하는 위치에 원하는 그림과 글자를 넣을 수 있는 컴퓨터 언어다. HTML을 사용해 글자 크기와 색, 모양을 바꿀 수도 있고, 멀티미디어를 추가하거나 다른 인터넷 페이지와 연결시킬(하이퍼링크) 수도 있다. 포토샵은 전 세계에서 가장 대중적으로 사용되고 있는, 사진(이미지)을 자유롭게 편집하고 수정하는 프로그램이다. 이미지의 색상 보정, 오래된 사진 복원, 이미지 합성, 문자 디자인, 인쇄물 디자인, 웹 디자인 등 여러 작업을 할 수 있기 때문에 온라인 쇼핑몰을 운영하는 데 반드시 필요한 프로그램이다. 이외에도 이미지를 만드는 일러스트레이터illustrator 프로그램이나 쇼핑몰을 화려하게 꾸며주는 플래시flash 프로그램 등이 있으나 직접 쇼핑몰을 디자인하고 만들지 않는 이상 개인 쇼핑몰 사업자는 상품 등록이나 간단한 이미지 수정 작업만 할 수 있어도 쇼핑몰을 운영하는 데 문제가 없다.

쇼핑몰 관리자 프로그램은 블로그에 사진이나 글을 올리고 관리하는 것과 비슷하므로 누구나 쉽게 사용할 수 있다. 더구나 요즘은 매뉴얼대로 따라 하면 초보자도 금방 이해하고 관리가 가능하도록 만들어져 있어 걱정이 없다. HTML의 경우 직접 쇼핑몰을 디자인하는 게 아니라 쇼핑몰에 상품 사진을 등록할 때 주로 사용하기 때문에 명령어 한두 개만 알아도 충분하다. 포토샵 역시 수천 가지 기능을 가진 프로그램이지만, 모든 기능을 다 알 필요는 없다. 상품의 사진을 최대한 깔끔하고 선명하게 표현할 수 있으면 충분하다. 사실 상품 사진에 과도한 수정이나 편집을 해서도 안 된다. 여기에 필요한 기능은 3~4가지가 채 되지 않는다.

쇼핑몰 운영에 필요한 기본적인 프로그램에 대해 설명한 후 간단한 시범을 보였다. 사장님은 머릿속으로는 이해가 되는데 막상 옆에서 하는 것을 지켜보니 상당히 어려워 보인다고 했다. 물론 누구에게나 처음은 어렵다. 나 역시 그랬다. 하지만 힘들다고 포기하면 아무것도 이룰 수 없다. 서툴더라도 하나하나 스스로 해보는 것이 중요하다. 하다 보면 결국 익숙해진다. 그렇게 사장님은 50대 초반이라는 나이에 온라인 쇼핑몰 사업을 시작하게 되었다.

◆ HTML 어떻게 쓰죠?

실행하고자 하는 작업의 명령어(HTML)를 꺽쇠(〈 〉) 안에 적는 것이 기본이다. 꺽쇠로 나누어
진 명령어 하나를 태그라고 부른다. 기본 구조는 아래와 같다.

〈html〉 〈head〉 〈/head〉 〈body〉 〈/body〉 〈/html〉

여기서 가장 앞뒤에 위치한 〈html〉 〈/html〉은 HTML 문서의 시작과 끝을 알리는 태그이며,
이 사이에 있는 모든 명령어가 문서에 적용된다. 〈head〉
〈/head〉의 사이에는 문서의 제목과 문서의 특성 등을 정의한다. 제목 외에는 실제로 인터
넷 페이지에는 보이지 않는다. 〈body〉 〈/body〉 사이에 실질적으로 페이지에 표시되는 작
업의 태그들이 들어간다. 참고로 명령어에서 대문자와 소문자는 구분하지 않는다.

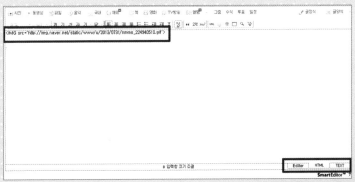

네이버 블로그 글쓰기 창에서 HTML 연습하기

이해를 돕기 위해 블로그나 카페의 글쓰기 페이지를 이용해보자. 글쓰기 페이지의 하단 오
른쪽에 위치한 문서 입력 방법을 HTML로 선택하면 쉽게 연습할 수 있다. 이 페이지 역시
HTML로 구성된 것이므로 〈html〉
〈/html〉은 적지 않고, 본문에 들어갈 명령어만 입력하면 된다.

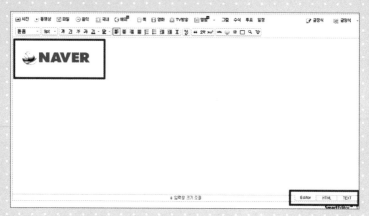

HTML로 이미지 삽입하기

온라인 쇼핑몰 운영에서 HTML을 이용하는 경우는 대부분 쇼핑몰 페이지에 상품의 이미지를 등록할 때다. 이미지를 삽입하는 태그는 〈img src="이미지가 저장된 주소"〉다. 단, 이미지는 인터넷에 올라간 것이어야 한다. 즉, 이미지 주소가 컴퓨터 내의 폴더 주소가 아닌 인터넷상의 주소여야 한다. 인터넷에 올라가 있는 이미지 위에서 마우스 오른쪽 버튼을 클릭한 후 메뉴에서 속성(properties)을 클릭하면 새롭게 뜨는 창에서 위치를 확인할 수 있다. 예를 들어 네이버 메인화면에 있는 네이버 로고를 내가 원하는 페이지에 올리려면 주소를 넣는 부분에 네이버 로고의 주소를 넣으면 된다. 태그를 입력하고 하단의 문서 입력 방법을 'Editor'로 바꿔보면 다음 그림처럼 네이버 로고가 페이지에 뜨는 것을 확인할 수 있다.

◆ 포토샵 어떻게 쓰죠?

이번에는 포토샵에서 주로 사용하는 기능을 알아보자. 포토샵은 다양한 버전이 있지만 기본적인 기능과 사용 방법은 대부분 비슷하다. 포토샵의 기능은 창 상단에 위치한 기본 메뉴와 왼쪽에 위치한 도구(tool)모음으로 나뉜다. 상단에 위치한 기본 메뉴는 이미지를 화면으로 불러오거나 저장하는 기능, 이미지의 크기나 모양, 명암이나 색상 등 전체적인 이미지를 수정하는 데 사용되고, 왼쪽에 위치한 도구모음은 사진을 분할하고 붙이고 문자나 패턴을 삽입하는 등 보다 세부적인 이미지 수정 작업에 주로 사용된다.

포토샵의 기본 메뉴와 도구모음

온라인 쇼핑몰을 위한 포토샵 작업이라면 굳이 복잡하고 어려운 도구를 사용하지 않더라도 간단하게 보정하는 정도면 충분하다. 몇 가지 단축키만 외우고 있으면 이미지의 크기, 색조와 채도, 색상 등을 쉽게 조정할 수 있다.

많이 사용하는 포토샵 단축키

Ctrl + O	이미지 불러오기	Ctrl + +	이미지 확대
Ctrl + −	이미지 축소	Ctrl + Alt + I	이미지 크기 조절
Ctrl + B	색상 균형 조절	Ctrl + U	색조와 채도 조절
Ctrl + M	밝기와 색감 조절	Ctrl + L	레벨 값 조절

온라인 쇼핑몰에도 임대료와 인테리어가 있다

🏪

　쇼핑몰 운영 프로그램에 대한 설명을 듣고 돌아간 사장님은 한동안 연락이 없더니 얼마 후 다시 전화가 걸려왔다. 이제 쇼핑몰을 관리하는 데 필요한 프로그램도 어느 정도 익숙해졌으니 본격적으로 온라인 쇼핑몰을 만들고 싶다는 것이다. 이곳저곳 쇼핑몰을 제작해주는 업체를 찾아봤지만 자신에게 맞는 업체를 찾을 수 없으니 추천해달라고 했다.

　업체를 추천하기 전에 예산을 물어봤다. 사장님은 쇼핑몰을 구축하고 디자인하는 데 300만 원 정도, 월 관리 비용은 10만 원 이내로 생각하고 있었다. 걱정했던 대로였다. 사장님은 쇼핑몰 준비부터 오픈까지 모든 것을 다 알아서 해주는 대행업체를 알아보고 있었던 것이다.

무엇부터 준비해야 할지 모르는 초보 창업자를 위해 쇼핑몰 구축에서 운영까지 모든 과정을 알아서 해주는 대행업체가 많다. 대행업체를 이용하면 편리하기는 하지만 수수료는 물론 매달 관리비를 지불해야 한다. 이들은 앞에서 설명한 오프라인 매장의 인테리어 업체와 같다. 조금만 공부하면 쓸데없는 비용을 줄일 수 있고, 얼마든지 내 스타일에 맞는 쇼핑몰을 운영할 수 있는데 굳이 다른 사람 손에 맡길 필요가 있을까?

그럼 쇼핑몰을 만들고 관리하는 방법을 알아보자. 온라인 쇼핑몰을 만들기 위해 필요한 작업은 쇼핑몰 도메인domain 결정 및 확보, 호스팅hosting 업체 선정, 쇼핑몰 디자인, 이렇게 세 가지로 나뉜다.

도메인이란 쉽게 말해서 인터넷 주소 즉, 인터넷에서 쇼핑몰을 찾아갈 수 있는 주소를 말한다. 같은 도메인은 존재할 수 없으므로 쇼핑몰을 가장 쉽게 표현할 수 있는 도메인을 다른 사람이 선점하기 전에 미리 확보해야 한다. 도메인을 정할 때는 몇 가지 유의사항이 있다. 첫째, 영문자, 숫자 또는 하이픈(-)의 조합만 가능하며 영문자는 대소문자 구별이 없다. 둘째, 영문자나 숫자로 시작해야 하며 하이픈으로 시작하거나 끝내서는 안 된다. 셋째, 도메인의 길이는 최소 2자에서 최대 63자까지 가능하다. 넷째, 콤마(,), 언더바(_) 등의 기호나 특수문자(&, % 등)는 사용할 수 없다.

다음은 온라인에서 상품을 진열하고 판매할 매장을 만드는 작업이다. 즉, 호스팅을 결정하는 것이다. 호스팅 업체는 대용량의 인터넷전용 고속회선을 가진 서버컴퓨터(네트워크를 통해 다른 컴퓨터가 사용할 수 있도록 데이터, 프로그램, 파일 등의 소프트웨어나 하드웨어 자원을 제공하는 컴퓨터)가 없는 개인사업자나 소규모 업체에게, 쇼핑몰을 만드는 데 필요한 파일과 프로그램을 실행할 수 있도록 공간을 빌려준다. 대기업이나 규모가 큰 업체는 자체 서버를 구축해 온라인 홈페이지를 운영하지만, 서버 구축에 필요한 자금과 인력이 부족한 소규모 사업자는 호스팅 업체를 통해 쇼핑몰을 구축할 수밖에 없다.

호스팅 업체는 서버를 제공하는 대신 매월 일정액을 받는다. 오프라인 매장의 월 임대료와 관리비를 내는 것과 같다. 사용자는 저렴한 가격에 홈페이지를 관리할 수 있고 게시판이나 방명록 등의 기능도 쉽게 사용할 수 있다.

가게도 빌렸고 상호와 주소도 정했으니 마지막으로 가게와 판매할 상품이 돋보일 수 있도록 예쁘게 꾸미는 인테리어만 남았다. 이것이 바로 쇼핑몰 디자인이다. 호스팅 업체에서 초보 창업자를 위해 쇼핑몰 디자인 프로그램을 제공하기도 하지만 쇼핑몰 디자인은 생각보다 어려운 작업이다. 특히 판매할 아이템에 어울리도록 꾸며야 하기 때문에 상품에 대한 이해도가 높아야 하며, 고객을 끌어들일 수 있는 콘셉트도 필요하다.

그래서 초보 창업자는 대부분 전문 디자인 업체에게 의뢰한다. 쇼핑몰 디자인에 들어가는 비용은 수십만 원에서 수백만 원까지 천차만별이지만 200~300가지 내외의 아이템을 관리하는 개인 쇼핑몰이라면 몇 십만 원 선에서 충분히 해결할 수 있다. 쇼핑몰 디자인 업체는 각 호스팅 업체마다 지정된 업체가 있기도 하고 포털사이트에서 검색해도 쉽게 찾을 수 있다. 다음 장에서는 나만의 쇼핑몰을 꾸미는 방법에 대해 자세하게 알아보도록 하자.

◈ 웹호스팅 업체 어디가 좋아요?

웹호스팅 업체의 주요 기능과 서비스는 대부분 동일하나 월 사용 금액이나 제공되는 세부적인 기능이 조금씩 차이가 나는 경우가 있기 때문에 자신이 직접 각 웹호스팅 업체 홈페이지를 방문해 월 사용금액이나 기본 제공되는 기능을 꼼꼼하게 살펴보고 자신에게 적합한 곳을 선택하는 것이 좋다. 간혹 웹호스팅 업체에서 고객 유치를 위해 전자 지불 결제(PG) 및 에스크로 등의 유료 서비스를 무료로 제공하는 서비스를 제공하기도 하므로 웹호스팅 업체 선정 시 제공되는 서비스를 잘 확인 해보아도 꽤나 많은 금전적인 이득을 볼 수도 있다.

아래 소개하는 호스팅 업체는 국내에서 가장 대표적인 웹호스팅 업체들이다(랭키닷컴 2015년도 기준 1위~3위).

1위

카페24
www.cafe24.com

2위

고도호스팅
www.godohosting.com

3위

닷홈
www.dothome.co.kr

2초 만에 고객을
사로잡는 비법

온라인 쇼핑몰 구축 작업이 끝나면 판매 상품을 구성하고 진열하는 작업이 남았다. 오프라인 매장에서도 똑같은 아이템이지만 어떻게 진열하느냐에 따라서 가게 분위기가 달라지고 매출이 차이가 나듯, 온라인 쇼핑몰에서도 상품의 구성과 진열이 중요한 부분을 차지한다.

일반적으로 고객이 쇼핑몰에 들어와서 그 쇼핑몰을 판단하는 시간은 단 2초라고 한다. 2초 안에 강한 인상을 남길 수 있어야 고객이 쇼핑몰을 오래 둘러보게 되고 '구매' 버튼을 누르게 할 수 있다. 그렇지 못하면 고객은 곧장 '뒤로가기' 버튼을 눌러버릴 것이다.

그렇다면 고객에게 매력적인 쇼핑몰로 어필하기 위해서는 홈페이지를 어떻게 구성하고 상품을 진열해야 할까?

간결하고 잘 정리된 쇼핑몰 메뉴

쇼핑몰에서는 적어도 수백 가지의 아이템을 판매하기 때문에 몇 가지 카테고리로 메뉴를 나누는 것이 일반적이다. 상품 카테고리 메뉴뿐만 아니라 고객 문의사항, 이벤트, 공지사항을 올리는 게시판 메뉴, 결제 페이지 등 다양한 추가 메뉴도 필요하다.

이때 상품이면 상품, 게시판이면 게시판, 각 메뉴를 그룹별로 잘 분리해서 배치해야 한다. 고객이 쉽게 원하는 상품을 찾을 수 있고 원하는 게시판을 찾을 수 있도록 메뉴를 적절히 묶어 화면을 구성해야 오래 머무르고 즐겨찾는 쇼핑몰이 될 수 있다.

누구나 알아볼 수 있는 직관적인 메뉴 라벨링

쇼핑몰을 방문하다 보면 가끔 이해하기 힘든 영어나 단어, 알아보기 어려운 서체로 메뉴가 구성되어 있는 것을 볼 수 있다. 세련된 표현을 위해, 독특한 개성을 표현하기 위해서라고 하지만 고객을 배려하지 않은 라벨링은 자기 만족일 뿐이다.

메뉴 이름은 누구나 쉽게 알아볼 수 있도록 직관적으로 정해야 하며, 만약 영어로 쓴다 하더라도 마우스를 메뉴에 가져다 놓으면 알아보기 쉬운 한글로 바뀌도록 설정하는 게 좋다. 사용자의 입장을 고려한 사소한 차이가 쇼핑몰의 매출에 큰 영향을 미칠 수 있다.

고객의 관심도가 높은 요소는 별도 카테고리화

세일 상품, 추천 상품, 인기 상품, 연예인 착용 상품 등 고객이 호감을 가질 만한 요소들로 카테고리를 묶어 진열하는 것은 고객의 관심을 쉽게 유도할 수 있는 방법이다. 저렴한 가격대의 상품이나 신상품 등 고객이 관심을 가질 만한 상품들을 한곳에서 볼 수 있도록 메뉴를 구성하는 것이다.

고객은 한 쇼핑몰에서만 상품을 고르지 않는다. 이곳저곳 사이트를 방문하면서 쇼핑을 즐기기 때문에 최대한 쉽고 빠르게 관심 상품을 보여주어야 고객의 시선을 붙잡아둘 수 있다. 또한 차별화된 카테고리 구성은 쇼핑몰의 콘텐츠를 보다 풍성하게 하고 고객의 관심을 끌어 쇼핑몰을 홍보하는 데 큰 도움이 된다.

선명한 상품 사진으로 쇼핑몰의 매력을 어필

쇼핑몰을 구성하는 8할은 상품의 이미지라고 해도 과언이 아니다. 오직 사진만으로 상품을 어필할 수 있는 쇼핑몰의 특성상 선명한 화질의 상품 사진은 쇼핑몰의 전체 이미지에도 큰 영향을 미친다. 고객은 쇼핑몰 메인 화면에 전시된 작은 이미지(썸네일)를 가장 먼저 보고 그 이미지를 통해서 상품을 판단하고 클릭하기 때문에 텍스트, 사진 촬영 기법, 코디법 등을 활용해 상품 호감도를 상승시켜야 한다. 보다 오랜 시간 쇼핑몰에 머무르게 하고 상품 페이지로 더 많은 클릭을 유도할 수 있는 요인 중 하나가 고화질 이미지다.

백화점 입점보다 쉽고 강한 오픈마켓 활용기

앞서 온라인 쇼핑몰을 구축하고 운영하고 관리하는 방법을 알아보았다. 적은 자본금과 컴퓨터 한 대만 있으면 손쉽게 쇼핑몰을 만들고 사업을 시작할 수 있을 거라는 처음의 생각과 다르게 쇼핑몰 구축부터 운영 및 마케팅까지 많은 노력과 자본금이 필요함을 느꼈을 것이다.

하지만 개인 쇼핑몰보다 쉬운 방법이 있다. 바로 오픈마켓open market 창업이다. 오픈마켓이란 개인이나 소규모 업체들이 하나의 쇼핑몰에 모여 상품을 판매하는 온라인 쇼핑몰이다. 오픈마켓 업체는 판매자에게 상품을 판매할 수 있는 공간을 마련해주고 시스템을 마련해주는 대가로 판매금의 일부를 수수료로 받는다. 옥션auction, 지마켓gmarket, 인터파크interpark, 11번가11st 등이 국내 대표적인 오픈마켓이다. 독자적인 쇼핑몰이 없어도 아이템만 있으면 누구든지 판매를 할 수 있기에 많은 비용을 투자하지 않아도 된다는 점에서 창업자의 관심이 높다.

사업 초기에 상품을 등록하고 판매할 때는 수수료가 없고 판매 금액에 대해서만 수수료가 청구되기 때문에 온라인 사업을 시작하는 창업자에게는 가장 쉬운 방법이라고 할 수 있다. 게다가 유명 오픈마켓을 운영하는 회사는 막강한 자본력을 가지고 있기 때문에 유명 연예인을 이용한 TV, 라디오, 잡지 광고 등 공격적인 마케팅을 한다. 개인사업자는 별도의 광고비 지출 없이도 소비자를 끌어들일 수 있는 것이다.

오픈마켓에 쇼핑몰을 만드는 것은 오프라인 매장으로 보면 백화점이나 아웃렛에 점포를 내는 것과 같다. 최고의 상권에서 최신 시설과 화려하게 꾸며진 매장에서 바로 사업을 시작할 수 있다는 점과 매월 임대료와 관리비를 지불한다는 점이 비슷하다.

여기까지만 보면 오픈마켓은 최상의 조건을 갖춘 온라인 사업장이다. 하지만 오픈마켓 창업에도 단점은 있다.

개인사업자부터 유명 브랜드 업체까지 누구나 진입장벽 없이 자유롭게 상품을 판매할 수 있어, 같은 아이템을 판매하는 사업자가 수십 명에서 수천 명에 이른다. 그만큼 한정된 고객을 놓고 벌이는 경쟁이 치열하다. 결국 경쟁은 '누가 더 싸게 파느냐'로 이어지고 너도나도 최저가를 내세우다 보면 앞으로 벌고 뒤로 밑지는 상황이 발생한다.

심지어 마진을 포기한 채 판매 수량에만 목숨을 거는 경우까지 생긴다. 온라인 쇼핑몰에서는 상품 마진 외에도 이윤을 남길 수 있는 방법이 있기 때문이다. 바로 배송비다. 온라인 쇼핑몰의 기본 배송비는 2500원이다. 하지만 실제로 판매자가 지불하는 택배비는 2500원이 아니다. 상품을 많이 배송할수록 택배 회사와 협상하여 택배비를 낮출 수 있다. 하루에 수십 개에서 수백 개씩 상품을 판매하는 업체는 2000원 혹은 더 저렴한 가격으로도 택배를 보낼 수 있다. 여기서 발생하는 차액은 판매자의 수익이 된다. 이렇게 오픈마켓에서의 가격 경쟁이 심해지면 상품 마진이 아닌 판매 수량을 늘려 택배비를 통해 수익을 내는 경우가 발생한다. 이런 일은 뉴스에도 방영될 정도로 오픈마켓 업계에서는 빈번한 일이다.

오픈마켓은 평균 5~12퍼센트 정도의 판매 수수료를 받는다. 처음에는 시스템 구축이나 마케팅 비용 등이 들어가지 않기 때문에 수수료를 내는 데 부담이 적지만 사업 규모가 커지고 매출이 늘어날수록 수수료가 비싸지기 때문에 부담도 커진다. 장사가 잘되더라도 과도한 가격 경쟁으로 마진이 적어서 부담은 더욱 커진다.

반면 개인 쇼핑몰의 경우 어느 정도 인지도가 쌓이고 단골 고객이 늘면 사업 초기에 비해 운영비나 광고비가 줄어 마진율이 높아진다. 이후 사업을 정리할 때는 쇼핑몰에 대한 권리금도 기대할 수 있다. 그래서 온라인 사업자 대부분은 사업 초기에는 오픈마켓을 통해 적은 비용으로 온라인 판매 경험을 쌓고 어느 정도 자리를 잡으면 개인 쇼핑몰 창업을 준비한다.

가격 경쟁은 끝이 없다. 오픈마켓이 저렴한 가격으로 상품을 구입할 수 있다는 강점 덕분에 수년간 국내 온라인 시장에서 폭발적인 사랑을 받아왔지만 소비자는 더 저렴한 시장을 찾게 되어 있다. 그런 소비자의 욕구를 캐치하여 등장한 것이 바로 소셜커머스social commerce다. 소셜커머스란 소셜네트워크서비스SNS를 통해 모인 사람들에게 그들이 원하는 제품이나 서비스를 파격적인 가격에 제공하는 서비스다. 미국의 그루폰Groupon을 시작으로 현재 전 세계 온라인 시장을 주도하고 있다.

소셜커머스에서는 일반적인 상품부터 레스토랑 이용권, 영화 및 스포츠 관람권 등 다양한 서비스를 반값 할인과 같은 파격적인 조건으로 구입할 수 있다. 대신 일정 인원이 모여야만 혜택을 누릴 수 있으므로 다양한 방식의 소셜네트워크를 통해 다른 사람에게 상품과 혜택을 알려야 한다.

지금은 소셜커머스의 시스템이 보편화되었지만, 우리나라에 알려지기 시작한 2010년 초반에는 여러 가지 문제점도 제기되었다. 회원 모으기에만 급급한 나머지 소비자에게 대금만 받고 서비스나 상품을 제공하지 못하는가 하면, 판매에만 치중해 기준

미달인 상품이나 서비스를 제공해 문제가 되기도 했다.

　지금은 점차 문제점이 개선되면서 소비자가 선호하는 온라인 시장으로 성장했다. 대규모 상품과 서비스를 제공해야 하는 소셜커머스 시장의 특성상 소규모 온라인 사업자가 상품이나 서비스를 제공하기는 힘들다. 하지만 꾸준히 사업을 키워나간다면 새로운 아이템과 판매자를 원하는 소셜커머스 시장 진출은 그렇게 높기만 한 벽은 아니다.

✦ 오픈마켓 어디가 좋아요?

옥션
www.auction.co.kr
1998년 4월 국내 최초의 인터넷 경매 사이트로 출발한 옥션은 즉시 구매, 고정가 판매 등 다양한 판매 방식을 도입한 대한민국 대표 오픈마켓이다. 2004년에는 우리나라 전자상거래 업계 최초로 회원 1000만 명, 거래액 1조 원을 돌파했으며, 하루 130만 명 이상이 방문하고 있다. 지금은 세계적인 전자상거래 업체인 미국의 이베이(ebay)를 대주주로 영입해 선진 시스템을 도입하고 글로벌 기업으로 거듭나고 있다.

지마켓
www.gmarket.co.kr
2000년 4월에 출범한 지마켓은 인터파크의 자회사로 설립되었으나, 2009년 이베이에 인수되어 주식회사 이베이지마켓이 되었다. 한때 우리나라 오픈마켓 매출 1위를 달성하며 최고의 전성기를 누렸다. 지금은 옥션과도 합병해 주식회사 이베이코리아로 재탄생하였다. 합병 후 옥션과 G마켓이 같은 판매관리시스템(ESM PLUS)을 도입해 상품 동시 등록 및 판매가 가능해져 판매자들로부터 호응을 얻고 있다.

인터파크
www.interpark.com
1996년에 오픈해 본격적인 전자상거래 시장을 열었다. 인터파크는 '인터넷 테마파크'의 줄임말로 인터넷을 통한 무형적 테마파크를 고객에게 제공하겠다는 의미다. 일반적인 오픈마켓과는 다르게 도서, 화장품, 여행, 공연 등 다양한 콘텐츠로 차별화를 두었고, 무료 반품 서비스, 도서 무료배송 서비스, 화장품 무료배송 서비스 등의 적극적인 마케팅으로 소비자에게 인지도가 높다.

11번가
www.11st.co.kr
SK플래닛이 운영하는 11번가는 2008년에 오픈한 후발주자다. 출범 당시 오픈마켓은 옥션과 G마켓이라는 거대 기업이 장악하고 있어서 많은 사람들이 성공하기 어려울 거라고 예상했지만 SK플래닛의 적극적인 지원과 '위조품 110% 보상제' '고객실수보상제' '24시간 콜센터 운영' '판매자 공인인증제' '최저가 110% 보상제' '옆집포인트 더블 보상제' '11개월 무이자 할부' '배송지연보상제' 등 지금까지 오픈마켓이 시도하지 못했던 다양한 서비스 마케팅을 시도하며 성장세를 보였다. 그 결과 2013년에는 옥션과 G마켓을 제치고 국내 오픈마켓 1위 기업으로 발돋움하였다.

네이버 스토어팜
shop.naver.com
3400만 명의 회원을 보유하고, 하루 방문자 수가 1800만 명에 육박하는 국내 최대의 포털사이트 네이버에서 운영하는 오픈마켓이다. 기존 "샵N"이라는 오픈마켓 서비스에서 이름을 변경하여 지금은 "스토어 팜"이란 이름으로 서비스를 하고 있다. 기존의 경쟁 오픈마켓사 보다 월등히 낮은 수수료(2.2%~3.74%)로 운영되고 있으며 국내 최대 규모의 포털 사이트를 기반으로 하고 있다는 점, 네이버에서 운영하는 "럭키 투데이" 쇼핑 NOW'등에서 무료로 홍보가 가능하여 광고비에서 기존 오픈마켓보다 유리하다는 점에서 앞으로의 발전이 기대되는 오픈마켓이다.

◈ info 소셜커머스 어디가 좋아요?

소셜커머스는 수수료가 판매 금액의 20~30퍼센트로 높은 편이다. 소셜커머스의 장점은 많은 사람에게 홍보를 할 수 있다는 점과 고객에게 상품과 서비스를 체험할 수 있는 기회를 줄 수 있다는 점이다. 게다가 소셜커머스에 입점한 아이템이 히트를 치고 높은 매출을 기록하면 이후 입점할 때는 수수료 할인 및 대형 포털사이트 무료 광고 등 다양한 부가적인 혜택을 받을 수도 있기에 소위 말하는 '대박'도 가능하다.

기존 소셜커머스의 큰 성공으로 후발업체가 우후죽순 생겨나고 있지만 아직까지 회원 모집율이 낮고, 안정성이 확보되지 않은 업체가 상당히 많다. 후발업체는 판매할 아이템을 확보하기 위해 대형업체에 비해 수수료를 할인해주는 경우가 많지만 상품 판매 후에 대금을 정산해주는 것이 소셜커머스의 관례이기 때문에 자금 안정성을 꼭 확인해야 한다.

티켓 몬스터
www.ticketmonster.co.kr

쿠팡
www.coupang.com

위메이크프라이스
www.wemakeprice.com

상품 클릭은
사진빨(?)로 좌우된다

소비자가 직접 상품을 볼 수 없고 컴퓨터 화면으로만 상품을 보고 구입해야 하는 온라인 쇼핑몰은 상품의 사진이 모든 것을 결정짓는다고 해도 과언이 아니다. 실제로 쇼핑몰 창업자에게 쇼핑몰 업무 중 가장 어렵고 많은 시간을 투자하는 작업을 꼽으라면 대부분 상품 사진 촬영과 이미지 보정 작업이라고 대답할 것이다. 그럼에도 '대충 집에 있는 카메라로 찍어 팔면 되지'라고 생각한다면 온라인 쇼핑몰로 성공할 수 없다.

먼저 사진 촬영에 필요한 카메라에 대해 알아보도록 하자. 디지털카메라는 인화지에 현상하지 않아도 촬영한 사진을 인터넷에 자유롭게 업로드할 수 있기 때문에 쇼핑몰 운영에 반드시 필요한 도구다.

디지털카메라는 크게 콤팩트카메라와 DSLR^{Digital Single Lens Reflex} 카메라로 나뉜다. 콤팩트카메라는 작고 가벼워 휴대성이 강조된 디지털카메라다. 카메라의 모든 기능이 자동으로 설정되어 있기 때문에 조작이 쉽다는 장점이 있다.

DSLR카메라는 기존 전문가용 카메라인 SLR^{Single Lens Reflex}카메라에 디지털 기술을 접목한 것이다. DSLR카메라의 가장 큰 장점은 수동카메라의 필름과 같은 역할을 하는 이미지센서가 명암의 차이를 디테일하게 표현하기 때문에 보다 선명한 화질로 촬영할 수 있다는 점이다. 조리개 값, 셔터스피드, ISO 등을 직접 조절할 수 있어 상품의 특성과 상황에 맞는 촬영도 가능하다.

DSLR카메라의 기본적인 기능인 조리개, 셔터스피드, ISO의 개념을 살펴보도록 하자.

빛으로 이미지를 만들어내는 카메라에서 조리개는 빛의 양을 조절하는 역할을 하며, 흔히 수도꼭지에 비유한다. 수도꼭지를 열수록 물의 양이 많아지고 잠글수록 물의 양이 줄어들듯, 조리개를 많이 열면 빛이 많이 들어오고 조리개를 조이면 빛이 적게 들어온다. 유의할 점은 카메라에 표시되는 조리개 값은 들어오는 빛의 양과 반대라는 점이다. 조리개 값이 클수록 조리개가 조여서 초점에 일직선으로 빛이 들어오기 때문에 상품과 배경이 모두 선명한 사진을 얻을 수 있다. 조리개 값이 낮으면 조리개가 많이 개방되어 초점을 제외한 곳은 빛의 굴절이 일어나 상품만 선명하고 배경은 흐릿한 사진이 나온다. 이러한 현상을 아웃포커스라고 하며 상품을 돋보이게 찍고 싶을 때 많이 사용한다.

서터스피드는 카메라가 상품을 찍는 셔터 속도를 조절하는 기능으로 1초를 기준으로 1/60, 1/125, 1/250과 같이 표시한다. 수도꼭지의 비유를 계속 하자면 물을 트는 시간과 같다. 즉, 수도꼭지를 틀었다가 빨리 잠궈버리면 받을 수 있는 물의 양이 적어지고, 오래 틀었다가 잠그면 많은 양의 물을 받을 수 있는 것과 같다. 셔터 속도를 빠르게 설정하면 빛의 양이 줄어들어 움직이는 물체를 순간 포착할 수 있다. 100미터 달리기에서 결승선을 통과하는 선수들의 모습이 찍힌 사진을 생각하면 된다. 반대로 셔터 속도가 느리면 빛이 들어오는 시간이 길어져 동선이나 움직임을 표현할 수 있다. 자동차의 헤드라이트가 선처럼 이어져 있는 도시의 야경 사진을 생각하면 이해가 빠를 것이다.

ISO는 감도라고도 하며 사진의 노이즈를 조절하는 역할을 한다. ISO가 높을수록 카메라의 이미지센서가 빛에 민감하게 반응해 어두운 곳에서도 흔들리지 않는 사진 촬영이 가능하다.

요즘은 크고 무거운 DSLR카메라와 콤팩트카메라의 장점을 합친 미러리스mirrorless카메라를 많이 사용한다. 미러리스카메라는 DSLR카메라와 같은 렌즈 교환식 카메라인데, DSLR이 부피가 큰 원인인 몸체 속 반사용 거울을 제거해 가볍고 작게 만들어졌다. 미러리스카메라는 DSLR카메라와 같이 뛰어난 품질의 사진을 얻을 수 있으면서도 콤팩트카메라의 휴대성을 겸비해 큰 인기를 끌고 있다.

혹자는 굳이 전문용어를 배워가면서 어려운 카메라를 사용하지 않아도, 스마트폰 카메라로 찍어도 잘 나오지 않느냐고 의문을 가질 수 있다. 콤팩트카메라로 찍어도 해상도(화소 수)가 높으면 좋은 화질의 사진이 나온다는 것이다. 특히 요즘은 스마트폰 카메라도 1000만 화소가 넘는 제품들이 출시되고 있지 않은가. 하지만 이는 해상도에 대한 잘못된 상식에서 나온 오해다.

해상도는 사진의 화질을 결정하는 것이 아니라 얼마나 큰 사이즈로 사진을 현상할 수 있는가를 나타내는 수치다. 즉, 사진 한 장에 얼마나 많은 점이 모여서 사진을 표현하느냐. 예를 들어 1000만 화소의 카메라로 사진을 촬영하면 1000만개의 점이 모여서 사진을 표현하기 때문에 사진을 확대하거나 큰 이미지로 출력이 가능하다는 의미다. 즉, 해상도는 사진의 크기와 관련된 수치이기 때문에 인터넷에 올릴 만한 크기의 상품 사진을 찍기 위해서라면 해상도가 높기만 한 것은 별 의미가 없다.

DSLR카메라나 미러리스카메라는 다양한 기능을 이용해 상황과 분위기에 맞춰서 상품을 돋보이게 찍을 수 있기 때문에 쇼핑몰 창업자라면 반드시 다룰 수 있어야 한다.

◆ info 사진 쉽게 찍을 수 없나요?

DSLR카메라나 미러리스카메라의 가장 큰 장점이자 특징은 조리개 값, 셔터스피드, ISO 등을 직접 조절할 수 있어 상품의 특성과 상황에 맞게 찍을 수 있다는 점이다. 하지만 초보자는 수동 촬영에 익숙해지기가 쉽지 않다. 이들을 위해 손쉽게 좋은 품질의 사진을 찍을 수 있는 촬영모드를 소개한다.

 사용자가 카메라의 노출만을 조절하고 조리개 값이나 셔터스피드 등은 카메라가 자동으로 감지하는 모드다. 어둡게 하거나 밝게 조절이 가능하며 플래시의 사용 여부도 조절할 수 있다.

 조리개 우선 촬영 모드다. 사용자가 조리개 값을 조절하면 카메라가 조리개 값에 가장 알맞은 셔터스피드를 자동으로 찾아준다. 아웃포커스 촬영이 가능한 모드이기도 하다.

 셔터스피드 우선 촬영 모드다. 사용자가 셔터스피드를 결정하면 카메라가 그 값에 가장 알맞은 조리개 값을 찾아준다. S모드는 셔터스피드를 느리게 해서 움직이는 물체의 운동감을 표현할 때 주로 사용한다.

 모든 기능을 수동으로 촬영하는 사용자 설정 모드다. 사용자가 원하는 대로 조리개 값과 셔터스피드를 조절할 수 있다. 카메라 센서에 의지하지 않고 사용자의 연출력이 사진에 그대로 반영되기 때문에 많은 연습을 통해서 숙달된 중급자 이상이 주로 사용한다.

지적재산권 분쟁,
알면 당하지 않는다

일본에서 여성 속옷을 수입해 온라인 쇼핑몰을 운영하고 있을 때였다. 평소처럼 주문 상품을 포장하고 게시판에 올라온 문의 글에 답변을 단 후 직원들과 커피 한잔을 마시면서 여유를 부리고 있을 때 팩스 한 통을 받았다. 사무실로 들어오는 팩스는 거래처에서 보낸 발주서가 대부분이기에 당연히 거래처일 거라고 생각했으나 내용을 확인하고는 당혹감을 감출 수 없었다.

한 번도 들어본 적 없는 서울의 한 법무법인에서 온 팩스였다. 쇼핑몰에서 사용하는 상품 이미지 중 불법으로 도용한 것이 있으니 이에 대한 법적인 조치를 취하겠다는 내용이었다. 날벼락 같은 소리였다. 평소 이미지 도용에 대한 피해 사례를 알고 있었기에 제품 사진은 직접 촬영해서 사용해왔다. 말도 안 된다고 생각했지만 천천히 내용을 확인하다가 '아차' 하는 생각이 들었다. 문제는 전혀 상상도 못 했던 곳에서 발생했다.

속옷 제품 특성상 상품 사진뿐 아니라 속옷을 착용한 모델 사진이 필요했다. 제품 사진이야 직접 촬영했지만 착용 사진은 모델을 구하기도 어렵고 섭외 비용도 만만치 않아 일본 사이트에서 몰래 가져와서 사용하고 있었다.

일본 회사에서 직접 문제를 제기하지 않는 이상 문제될 것이 없다고 생각했다. '국내도 아니고 일본 사이트에서 가져온 사진인데 괜찮겠지'라는 생각으로 사용한 것이 사단을 일으킨 것이다. 하지만 이미지 도용으로 문제를 삼기 위해서는 이미지의 저작권을 가지고 있는 사람이 직접 문제를 제기해야 하는데 일본 회사에서 알 리가 없지 않은가.

어떻게 된 일인지 알아보기 위해 팩스를 보낸 법무법인 담당자와 통화를 했다. 담당자에게서 놀라운 이야기를 들었다. 국내의 한 업체가 일본 저작권자에게 이미지 사용에 대한 모든 권한을 위임받았다는 것이다. 그 업체와 합의를 하든지 아니면 법적인 절차를 밟아야 한다고 했다. 상대측이 요구한 합의금은 300만 원이었다. 갑자기 300만 원이라는 돈을 합의금으로 내놓기는 쉽지 않았다.

일단 일본 속옷 회사에 사정을 이야기해보기로 했다. 한국에서 오랫동안 당신 회사의 상품을 수입해서 판매하는 와중에 이미지를 사용하게 되었는데, 허락 없이 사용한 것은 미안하지만 선처를 해줄 수 없겠느냐고 사정을 이야기했다. 일본 담당자는 곤란하다며 의외의 이야기를 해주었다.

몇 달 전 한국의 한 업체로부터 연락이 왔다. 한국에서 자사 상품의 이미지가 상업적인 목적으로 무단 사용되고 있으니 이미지 사용 및 저작권에 대한 권한을 위임해주면 이미지 무단 도용에 대한 금전적인 피해보상을 대신 받아주겠다는 것이었다. 자사의 이미지가 무단으로 도용되고 있다고 하니 흔쾌히 제안에 응했다. 그에 대한 위임장과 서류를 보내고 계약을 체결했기 때문에 한국 내의 저작권에 대해서는 그 업체와 상의해야 한다는 것이었다.

달리 방법이 없었다. 합의금으로 300만 원을 주고 쇼핑몰에서 사용하던 모든 이미지를 삭제하고서야 일을 마무리할 수 있었다. 하지만 이 일이 끝이 아니었다.

몇 달이 지나 사무실로 또 팩스 한 장이 날아왔다. 이번에도 역시 법무법인에서 저작권 침해에 대한 문제를 제기하는 팩스였다. 이전의 일이 있은 후 사진 한 장, 상품을 소개하는 글 한 줄을 올리더라도 문제될 소지가 없는지 몇 번을 확인했던 터였다. 도대체 무엇이 문제였을까?

이번에 문제가 된 것은 쇼핑몰에서 사용하고 있던 글씨체 즉, 폰트font였다. 쇼핑몰을 운영하다 보면 메인 디자인이나 상품을 설명하는 글을 쓸 때, 보다 돋보이고 예쁘게 표현하기 위해 다양한 폰트를 사용한다.

폰트는 워드나 포토샵과 같은 프로그램에서 기본적으로 제공하는 것도 있고 온라인에서 무료로 배포하는 폰트도 있다. 구입해야만 사용할 수 있는 폰트가 있긴 하지만 당시에 문제가 된 폰트는 포토샵에 설치되어 있었던 폰트였다. 불법으로 다운로드받은 것도 아니고 포토샵에 설치되어 있던 것을 사용했는데 무엇이 문제란 말인가? 마음껏 사용하라고 제공해놓은 폰트를 사용했다고 문제 삼는 것은 잘못된 경우라고 따지기 위해 바로 법무법인 담당자에게 전화를 걸었다.

담당자는 해당 폰트는 유료로 판매되고 있는 상품이며 포토샵에서 무상으로 제공될 리가 없다고 했다. 그러면서 포토샵은 정품을 구입해서 사용하고 있느냐고 되물었다. 결국 잘못을 시인할 수밖에 없었다. 정품이 아니었기 때문이다. 컴퓨터를 살 때 몰래 설치해준 프로그램에 폰트도 포함돼 있었던 것이다. 또 합의금 100만 원을 물어줄 수밖에 없었다. 단돈 2만 원이면 떳떳하게 사용할 수 있는 폰트를 뭣도 모르고 사용하다가 100만 원이라는 합의금을 물게 된 것이다. 이후 수백만 원을 투자해 포토샵을 포함한 쇼핑몰 운영에 필요한 각종 프로그램들을 구입했다.

문학, 예술 작품, 음반, 방송, 과학적 발견, 상표, 상호 등 지적 활동으로 발생하는 모든 권리를 지적재산권이라고 한다. 모든 창작물은 그것을 만든 사람들에게는 소중한 자산이다. 많은 시간과 돈을 투자해 만들어진 결과물이기에 이를 사용하는 데 그에 합당한 비용을 지불해야 하는 것은 당연한 사실이다.

　최근에는 온라인상의 활동이나 상거래가 활성화되면서 지적재산의 무단 사용으로 인한 저작권 침해 분쟁이 많아지고 있다. 창작물의 저작권자들은 법무법인에게 모든 권한을 위임하고 법무법인 회사에서 저작권 침해 사례를 찾아내 문제를 제기한다. 때문에 몰랐다는 말은 더 이상 통하지 않는다. 컴퓨터 프로그램은 물론 사진, 동영상, 음악, 글, 심지어 폰트까지 쇼핑몰에 사용할 때는 내가 무단으로 타인의 창작물을 도용하고 있는 것은 아닌지 확인해보아야 한다. 한두 번의 확인으로 몇 백만 원의 손해를 예방할 수 있으니 말이다.

6장

초짜 사장,
마케팅 달인 되는 법

66

1년 안에 목표를 달성하지 못할 수도 있다. 하지만 결코 실패는 아니다.
시간이 조금 더 늦춰지는 것일 뿐이다.
목표를 달성하기 전까지 절대 포기하지 않기 때문이다.

99

성공한 CEO가 절대 직원에게 맡기지 않는 일

매출이 높은 대형 온라인 쇼핑몰에서 근무하는 직원의 평균 근속연수가 얼마나 되는지 알고 있는가? 대부분 1년에서 길어봤자 2년 정도다. 쇼핑몰에서 직원으로 근무하다 보면 상품 사입이나 사진 촬영, 고객 관리 등 쇼핑몰 운영에 대한 전반적인 업무를 짧은 시간에 습득할 수 있다. 쇼핑몰 사장은 대부분의 업무를 직원에게 맡기기 때문에 직원 입장에서는 일은 혼자 하고, 돈은 사장이 다 갖고 간다고 느낀다. 그렇게 1~2년이 지나면 쥐꼬리만 한 월급을 받으면서 남의 돈 벌어주느니 독립해서 쇼핑몰을 창업하는 게 더 낫겠다고 생각한다. 실제로 많은 사람들이 이런 과정을 거쳐 쇼핑몰 창업에 뛰어든다.

하지만 대부분은 쉽게 성공하지 못한다. 무엇이 문제일까? 회사를 다니면서 모든 업무를 습득했는데, 그것과 똑같이 아니, 내 사업이니 더 신경 쓰고 열심히 일했는데 왜 성공하지 못할까? 대부분은 광고가 원인이다.

성공한 쇼핑몰 CEO들이 절대 직원에게 맡기지 않는 업무가 쇼핑몰 마케팅 즉, 광고다.

필자 역시 쇼핑몰을 오픈한 지 3개월 정도가 지났을 때 큰 난관에 부딪혔다. 좋은 아이템과 세련된 쇼핑몰 디자인, 세심하게 신경 쓴 상품 사진까지 누구나 쇼핑몰에 들어온다면 상품을 사고 싶어 할 거라는 확신이 들 정도로 멋지게 쇼핑몰을 만들었다.

하지만 아무리 기다려도 좀처럼 주문이 들어오지 않았다. 아니, 주문은커녕 쇼핑몰을 방문하는 고객 자체가 없었다. 쇼핑몰을 준비하고 오픈할 때는 좋은 상품과 경쟁력 있는 가격이면 금방 사람들에게 알려지고 한 달에 수천 혹은 수억 원씩 매출을 올리는 대박 쇼핑몰이 될 거라는 꿈에 부풀었다.

현실은 한 달 매출이 10만 원도 되지 않는 초라한 날들의 연속이었다. 문제는 마케팅이었다. 하루에도 수백 개씩 생겨나는 온라인 쇼핑몰 중에 새로운 쇼핑몰 하나가 더 생겨났다고 해서 소비자가 알 리도 없고, 찾아줄 리도 없었던 것이다. 사람들에게 알리려면 광고를 해야 했다. 쇼핑몰을 오픈한 지 3개월이 지나서야 이 사실을 깨달았고, 그때부터 광고를 공부하기 시작했다.

온라인 광고는 크게 두 가지로 나뉜다. 돈을 들여서 하는 유료 광고와 돈을 들이지 않고 하는 무료 광고, 일명 노가다 광고다. 무료 광고는 말 그대로 돈을 들이지 않고 여러 사이트를 돌아다니면서 각종 게시판에 쇼핑몰 홍보글을 올리는 것이다. 포털사이트의 질문 게시판, 블로그, 카페는 물론 대형 쇼핑몰의 게시판까지 가리지 않고 홍보글을 올려서 조금이라도 많은 사람들에게 쇼핑몰을 노출시키는 것이 목표다.

하지만 포털사이트 관리자는 불법 스팸 광고를 찾아내 삭제하는 게 일이기 때문에 금방 삭제당하기 일쑤다. 그럴수록 더 많은 곳에 부지런히 글을 올려야 한다. 광고글이 삭제되지 않도록 글을 올리는 방법은 날로 지능화되고 포털사이트에서는 이런 글들을 찾아내고 삭제하는 데 더 많은 인력과 자금을 투자한다. 돈만큼이나 시간과 노력이 많이 드는 방법이다.

필자 또한 노가다 광고를 많이 해봤다. 그중 하나가 포털사이트의 질문 게시판에 가족이나 지인의 아이디를 이용해 질문을 올리고 스스로 답변을 다는 것이었다. 예를 들어, "여자친구에게 속옷을 선물하고 싶은데 어느 쇼핑몰이 좋을까요?"라는 질문을 올리고 답변으로 필자의 쇼핑몰을 추천하는 것이다. 패션 정보 공유 카페나 사이트에는 상품을 구입해본 손님인 양 쇼핑몰 칭찬과 구매 후기를 올리기도 했다. 중고 거래 카페나 사이트에는 소비자로 가장해 수시로 판매글을 올려 한 번이라도 더 쇼핑몰의 이름을 알리기 위해 노력했다. 하지만 결국 돌아온 것은 매출 성장이 아니라 불법 광고 및 스팸글 작성으로 인한 아이디 정지였다.

노가다 광고에서 조금 더 발전된 무료 광고의 형태가 바이럴 마케팅 즉, 입소문 마케팅이다. 블로그나 카페에 후기를 올려 상품이나 서비스를 접해보지 못한 소비자에게 노출시키는 것이다. 바이럴 마케팅의 대표적인 예가 바로 맛집이다. TV나 인터넷에 소개되는 맛집의 대부분이 조작이라는 이야기를 한 번쯤은 들어봤을 것이다. 식당을 오픈하면 가게 주인은 유명 블로거를 불러 시식을 하고 소정의 광고비까지 쥐어주며 맛집으로 글을 올려달라고 부탁한다. 물론 그렇지 않은 곳도 많지만 이런 종류의 바이럴 마케팅이 공공연하게 이루어지고 있는 것이 사실이다. 필자 역시 블로그를 운영하고 있기 때문에 일주일에도 몇 번씩 광고를 부탁하는 메일이나 전화가 온다.

이렇듯 리뷰를 가장한 광고글로는 소비자를 끌어들이는 데 한계가 있다. 요즘은 소비자도 바이럴 마케팅의 현실을 잘 알고 있기 때문이다. 바이럴 마케팅이 효과를 보기 위해서는 진정성이 가장 중요하다. 그렇다고 마냥 고객이 좋은 리뷰를 달아주기만을 기다릴 수는 없는 일이다. 그래서 필자는 블로거로써 당당히 나 자신을 홍보하기로 했다. 사업을 하는 사람의 입장에서 정보를 주고, 아이템을 소개하는 창업 지식인이 되기로 한 것이다. 진정성은 고객의 리뷰뿐만이 아니라 창업자의 글로도 보여줄 수 있다.

입소문 마케팅의 프로, 파워블로거 되기

사업을 시작하고 자영업자의 길을 선택하면서 반드시 지키는 철칙이 하나 있다. 일 년에 하나씩 목표를 정하고 그 목표를 반드시 달성하는 것이다. 대부분의 사람들은 저마다 꿈을 가지고 있지만 그저 꿈으로 끝내버리는 것이 대부분일 것이다. 이유는 꿈을 이루기까지의 노력과 시간을 견디지 못하고 중간에 지쳐서 포기해버리기 때문이다.

보통 사람에게 42.195킬로미터의 마라톤을 하라고 하면 시작도 하기 전에 포기해버릴 것이다. 하지만 1킬로미터를 천천히 뛰어보라고 하면 누구나 쉽게 할 수 있다. 1킬로미터를 가뿐히 뛰고 나면 잠깐의 휴식을 가지고 또 1킬로미터를 뛰어봐라. 아주 가뿐하게 성공할 것이다. 그렇게 시간과 여유를 가지고 조금씩 한계치를 높여가면서 작은 목표를 하나하나 달성해나가면 결국에는 42.195킬로미터의 마라톤도 완주할 수 있을 것이다.

나는 꿈이 없다. 하지만 당장의 목표는 가지고 있다. 실현이 불가능한 큰 꿈보다는 작은 목표를 하나씩 이루어나가는 것이 훨씬 더 의미 있다고 생각한다. 그 목표를 하나씩 성공시켜나가다 보면 언젠가는 내가 꿈으로만 여겼던 일도 이룰 수 있지 않을까?

앞서 이미 말한 것처럼 나는 매년 새로운 목표를 세우고 그 목표를 위해서 노력하고 있다. 그 결과 물질적인 성공뿐만 아니라 학업과 책의 집필을 통해서 내면적인 성공까지 꾀하고 있다.

올해의 목표는 파워블로거power blogger가 되는 것이다. 파워블로거가 되거나 인터넷 카페를 운영하고 나를 알려 온라인상에 인지도를 높이는 일을 인터넷 부동산 투자라고 한다. 즉, 카페와 블로그를 통한 마케팅과 수익 창출 모델의 절정이 바로 파워블로거인 것이다.

여기서 잠깐 블로그의 중요성을 한번 짚고 넘어가기로 하자.

불과 2~3년 전만 하더라도 각종 TV방송은 물론 인터넷상에서 많은 사람들의 이목을 끌고 쉽게 들을 수 있는 이야기가 있었다. 바로 대박 쇼핑몰 CEO, 억대 매출 쇼핑몰 등등 인터넷 쇼핑몰 사업으로 큰돈을 벌고 있는 사람들의 이야기들이었다.

하지만 지금은 어떠한가? 근래 TV방송이나 잡지, 혹은 인터넷에서 쇼핑몰의 성공 스토리나 정보를 들어본 적이 있는가? 아마 어느 순간 쇼핑몰 성공 스토리가 우리 주변에서 자취를 감추고 있다는 것을 눈치 챌 수 있을 것이다.

이런 쇼핑몰 성공 스토리 대신 많은 사람들에게 관심을 얻고 다양한 매체에서 소개되고 있는 것이 바로 '파워블로거'이다. 온라인 포털 사이트의 메인에는 각 분야의 파워블로거의 글이 인기리에 연재가 되고 있으며 언젠가부터는 방송에서 파워블로거 타이틀로 일반인이 그 분야의 전문가와 함께 대중에게 정보를 전달하는 모습을 심심치 않게 볼 수가 있다. 이들은 대중에게 해당 분야의 전문가로 자연스럽게 인정을 받으며 다양한 방법으로 본인을 알리고 유명세를 누리며 사업으로도 그 영역을 확장하고 있다. 온라인이 발전하면서 그를 활용하여 성공한 1세대가 쇼핑몰 사업이었다면 지금은 파워블로거가 2세대 온라인 성공 사례로 발전해나가고 있는 것이다. 단순히 정보를 전달하던 블로그는 지금은 공동구매나 직접 판매처럼 상업적인 공간으로 활용되면서 하루에 작게는 수 백 명에서 많게는 수 만 명의 사람들을 끌어들이고 있다. 물론 블로그 서비스를 제공하는 포털 사이트에서도 정상적인 사업자 등록과 통신판매업 신고를 하고 상업적인 활동을 하는 블로그들의 활동을 인정해주고 있는 추세이다.

그렇다면 파워블로거의 마케팅 효과를 이해하기 위해 현실적인 예를 들어 보겠다. 몇 달 전 친한 형이 핸드폰 판매점 창업을 한다고 도움을 청한 일이 있었다. 사업 경험이 전혀 없었기에 부동산 임대 계약이나 인테리어에 관한 조언을 얻고 싶다는 것이었다. 매장의 위치는 이미 결정해놓은 상태였다. 부산 시내의 가장 유명한 대학가에서도 제일 좋은 자리의 매장이었다. 주변에 4곳의 대학교가 위치하고 있으며 고등학교, 중학교는 물론 대형 아파트 단지도 자리 잡고 있는 상권의 대로변 코너 자리였다. 화장품 가게가 있던 자리였는데 하루에 수천 명의 유동인구가 있으며 가게로 유입되던 손님만 수백 명이었다고 했다. 누구나 탐낼 만한 노른자위인 만큼 돈도 가격도 높았다. 매장을 얻는 데 권리금 2억에, 보증금 5000만 원, 월 임대료가 800만 원이라고 했다.

하지만 나는 그만큼의 돈을 투자해서 매장을 얻는 것이 영 탐탁지 않았다. 다른 사람들은 수억 원의 목돈을 투자하고 매달 수백만 원의 비용을 지불해서 고작 수백 명의 손님을 끌어들이고 있지만 나는 땡전 한 푼 투자하지 않고도 매일 천명이 넘는 손님들을 끌어들이고 있었기 때문이다.

바로 인터넷 블로그를 통해서 말이다. 블로그란 많은 사람들이 알다시피 자신의 관심사나 생각, 느낌 등을 글과 사진을 통해 표현하는 나만의 게시판이다. 1997년 미국에서 처음 등장한 이후로 인터넷 유저들 사이에서 폭발적인 호응을 얻으면서 다양한 정보와 지식을 제공하는 자유로운 공간으로 활용되고 있다.

지금은 단지 자신의 관심사를 표현하는 것뿐만 아니라, 디자

이너에게는 포트폴리오가 되고, 영업자에게는 홍보 수단이 되고, 매니아들에게는 자신이 갖고 있는 정보를 자랑하는 일종의 1인 미디어 역할을 하고 있다. 이제는 맛집을 찾거나, 요리 레시피를 찾거나, 볼 만한 영화를 찾을 때도 블로그의 리뷰나 글을 통해 정보는 얻는 것이 자연스러워져서 블로그를 통한 홍보가 필수적인 마케팅 방법이 되고 있다.

수많은 블로그 중에서도 참신하고 유용한 정보를 제공해 사람들로부터 큰 영향력을 가지고 있는 블로그를 운영하는 사람을 파워블로거라고 한다. 파워블로거는 하루에도 수만 명의 사람들이 방문하기 때문에 그 영향력을 엄청나다. 그래서 기업과 단체들로부터 광고를 의뢰받아 수익을 창출하기도 한다. 온라인상에서의 부동산의 값어치를 올려서 그를 통해서 다양한 사업으로 연계하는 것이다.

파워블로거 중에는 취미생활로만 블로그를 운영하는 사람도 많다. 하지만 대부분이 해당 분야의 전문가로 인정받게 되면 그 노하우를 여러 사람에게 알리기 위해 강연과 집필 활동을 하게 되고 자연스럽게 사업과 성공으로 이어지는 사례가 많다. 파워블로거로서의 성공이 누구에게나 쉽게 허락되지는 않는다. 블로그를 제공하는 네이버나 다음과 같은 유명 포털사이트에서는 매년 엄격한 심사 과정을 거처 수백만 개의 블로그 중 극히 소수에게만 파워블로거라는 영예를 안겨준다. 단순히 방문자수 많다고 되는 것이 아니라 양질의 정보를 꾸준하게 업데이트 해야 하며 그 정보가 많은 사람들에게 좋은 호응도 얻을 수 있어야 한다. 파워블로거는 블로그를 운영하는 사람들이라면 한 번쯤 꿈꾸는 목표다.

나 역시 몇 년 전부터 세계 여러 나라를 다니면서 물건을 사고파는 나의 이야기를 블로그에 올리기 시작했다. 수입하는 아이템도 블로그에 올려 소비자 반응을 살피기도 하고, 홍보하기도 한다. 하루 평균 블로그 방문자는 2000여 명이다. 아직 파워블로거에는 미치지 못하지만, 블로그를 방문해주는 분들은 자연스럽게 내가 낸 책의 독자가 되기도 하고 상품의 고객이 되기도 한다. 돈 한 푼 투자하지 않고 블로그를 통해서만 하루에도 수천명의 사람들을 만나고 그들을 상대로 나라는 개인 브랜드를 알리고, 상품을 홍보하며, 판매까지 하는 것이다.

앞에서 언급했듯이 새로운 목표가 바로 파워블로거다. 파워블로거가 되기 위해 블로그를 운영하기 시작한 2년 전부터 꾸준히 노력하고 있다.

다른 블로거 들과는 차별화 되는 새로운 정보를 얻고 그 정보를 나의 블로그에 최소한 일주일에 2~3번씩은 포스팅하기 외국을 다니면서 새로운 경험을 하기 위해서 노력하고 그 경험과 지식을 하나도 빠짐없이 사진과 글로 정리하고 있으며 보다 많은 책을 읽으면서 다방면으로 지식의 폭을 넓혀서 양질의 정보를 블로그를 통해서 전달하기 위해서 노력하고 있는 것이다.

1년 안에 목표를 달성하지 못할 수도 있다. 하지만 결코 실패는 아니다. 시간이 조금 더 늦춰지는 것일 뿐이다. 목표를 달성하기 전까지 절대 포기하지 않기 때문이다.

◆ 블로그 어디가 좋아요?

blog.naver.com
네이버는 2013년 12월 기준 국내 PC 검색 점유율 약 73퍼센트를 차지하는 대표적인 포털사이트다. 때문에 블로그의 접근성이 뛰어나고 포스팅을 작성하면 빠른 시간 내에 네이버 검색에 노출된다는 장점이 있다. 이미지나 동영상, 음악 등을 쉽게 블로그에 등록할 수 있는 UI(user interface)를 제공하고 있어 초보자도 쉽게 블로그를 관리할 수 있다. 우리나라에서 가장 많은 회원을 보유하고 있는 포털사이트에서 운영하기 때문에 블로거 사용자들끼리 이웃을 맺고 정보를 교류할 수 있는 네트워크가 크다는 것 또한 장점이다. 국내 유명한 블로거를 가장 많이 배출하는 것도 네이버 블로그다.

blog.daum.net
다음은 'VIEW'라는 기능을 만들어 화제의 블로그 및 인기 블로거의 글을 추천하고 순위를 매길 수 있도록 했다. 블로거는 이를 통해 여러 사람에게 블로그를 알릴 수 있으며, 로그인을 하지 않더라도 추천을 할 수 있어 글에 대한 호응도를 측정하는 데도 도움이 된다. 네이버에 비해 블로그 운영자 수가 상대적으로 적기 때문에 메인 화면에 자신의 블로그를 비교적 쉽게 노출시킬 수 있다.
초보 블로거가 가장 크게 오해하는 부분이 블로그 노출에 대한 것이다. 의외로 많은 사람들이 네이버 검색에 노출되는 정보는 오직 네이버 블로그에서 작성된 글이어야 한다고 생각하지만 다음이나 티스토리 블로그 글도 검색에 노출된다.
네이버는 광고성이 짙은 포스팅이라고 판단하면 검색 화면에 글을 노출시키지 않거나 순서를 뒤로 미는 경우가 많다. 하지만 이러한 제재는 가장 먼저 자사 블로그를 우선으로 하고 다음과 같은 타사 블로그에게는 그 영향이 늦게 미친다. 이러한 특징을 이유로 다음 블로그를 이용하는 블로거들도 늘어나는 추세다.

www.tistory.com
티스토리는 네이버와 다음과 같이 포털사이트를 겸하지 않고, 오직 블로그 서비스만을 제공한다. 블로그 개설 방법도 차별화된다. 기존의 티스토리 블로거로부터 초대장을 받아야만 블로그 개설이 가능하기 때문에 블로그를 시작하는 데 진입장벽이 있다.
티스토리 블로그의 큰 특징은 완전히 독립적인 블로그 운영이 가능하다는 것이다. 네이버나 다음 블로그는 블로그 꾸미기나 포스팅 작성에서 제한적인 면이 있지만 티스토리 블로그는 메인 디자인부터 포스팅 작성까지 아무런 제한 없이 자신이 원하는 대로 운영이 가능하기에 독특한 개성을 가진 블로거들에게 사랑받고 있다.

> ## 모바일 마케팅
> ## 어떻게 해야 잘 하는 거죠?

　얼마 전 뉴스에서 우리나라의 2015년 현재 스마트폰 보급률은 83.0%에 달해 아랍에미리트(UAE·90.8%), 싱가포르(87.7%), 사우디아라비아(86.1%)에 이어 세계 4위라는 소식을 접할 수 있었다.

　이처럼 스마트폰이 우리 생활 속에 없어서는 안 될 필수품으로 자리를 잡으면서 우리의 일상생활도 과거와 다르게 많은 변화가 일어나고 있다. 과거 출퇴근길 지하철이나 버스에서 신문이나 책을 읽던 사람들이 스마트폰을 통해서 뉴스와 정보를 습득하고 있고 은행을 직접 방문하지 않더라도 기본적인 은행 업무는 물론 펀드나 주식의 거래까지도 스마트폰을 통해서 간편하게 해결하고 있다. 심지어 인간관계나 사람들 사이의 교류 문화도 바뀌고 있다. 전화나 문자 등을 통해서 서로의 안부를 묻고 정기적인 모임을 통해서 사람들과의 관계를 맺고 교류를 하던 것이 지금은 스마트폰 메신저나 모임 애플리케이션application을 통해서 가상의 공간에서 서로의 안부를 묻고 사람들과의 교류가 활발하게 이루어지고 있다.

이렇게 세상은 스마트폰을 통해서 점점 빠르고 간소화되고 있다. 이는 마케팅에도 그대로 적용되고 있다. 예전 본인의 상품을 알리기 위해서 샘플과 카탈로그를 가지고 일일이 사람들을 만나고 영업을 하던 시대에서 컴퓨터와 인터넷을 활용해 짧은 시간에 더욱 많은 사람들에게 영업을 할 수가 있었다. 하지만 이제는 한 단계 더 발전하여 손안에 작은 스마트폰을 통해서 언제 어디서나 시간과 장소를 가리지 않고 마케팅을 펼칠 수 있는 시대가 열린 것이다.

그 중심에 바로 스마트 폰을 활용한 소셜 네트워킹 서비스Social Networking Service 일명 'SNS'가 있다. SNS 란 사진이나 글, 메시지 등으로 사람들 간의 관계 맺기를 통해서 네트워크를 형성할 수 있는 서비스를 말한다. 단순한 정보검색에서 한 단계 더 발전한 서비스로 사람을 찾고 인맥을 쌓아가는 절차를 간소화 시켜 사람들을 소개받고 소개하여 인맥을 만들고 쌓아가는 시간과 노력을 획기적으로 줄일 수 있는 시스템을 사람들에게 서비스 한다.

예전 학창시절 동창생을 찾아주는 '아이러브스쿨' '다모임'등이 이런 SNS 서비스의 시초로 볼 수 있으며 현재 '트위터' '페이스북' '인스타그램'등이 가장 대표적인 SNS 서비스를 제공하는 업체로 많은 사람들의 사랑을 받고 있다. SNS가 현재 수많은 기업이나 개인에게 효과적인 마케팅의 방법으로 활용되고 있는 이유는 나의 인맥이 가지고 있는 인맥을 별다른 노력이나 과정 없이도 연결하거나 확보할 수 있으며 그 인맥에게 내가 원하는 정보를 제공할 수 있다.

예를 들어 SNS상에 내가 가지고 있는 인맥이 100명이라면 마음만 먹으면 그 100명의 인맥들이 가지고 있는 인맥들도 모두 나의 인맥으로 만들고 그들에게 내가 원하는 정보를 제공할 수 있다. 또한 간단한 회원가입 절차와 사용법으로 스마트폰에 익숙하지 않은 사람도 누구나 사용이 가능하고 언어만 통한다면 전 세계인을 상대로 친구를 맺고 교류를 할 수 있다는 장점으로 마음만 먹는다면 말 그대로 기하급수적으로 인적 네트워크를 형성하고 그를 통해서 마케팅을 펼칠 수 있다는 장점이 있다. 하지만 반드시 이런 장점만이 있는 것은 아니다. 불특정 다수에게 나의 정보가 그대로 노출이 되면서 불필요한 사생활이 노출되는 경우가 발생하며 누가 어떠한 정보를 올리게 된다면 아무런 제재나 필터링 없이 정보가 퍼져나가기에 잘못된 정보로 피해를 입는 경우도 발생하게 된다.

뿐만 아니라 얼굴이나 목소리를 직접적으로 듣지 않고 단순히 글과 사진만으로 정보를 교류하게 됨으로써 의사소통으로 인한 오해가 확산될 수도 있으며 인간관계가 가벼워지고 그로 인한 문제가 발생 할 수도 있다는 단점을 가지고 있다. 때문에 이런 SNS는 어떻게 활용하느냐에 따라서 실이 될 수도 있고 독이 될 수도 있는 양날의 검이 될 수도 있다.

이러한 SNS의 장단점을 파악하여 효과적인 마케팅의 방법으로 활용하기 위한 몇 가지 주의 점을 살펴보도록 하자.

첫째, 정확한 정보와 사실만을 공유한다. 사람들의 관심을 끌기 위해서 정확하지 않은 정보나 자극적인 내용의 정보를 공유한다면 사람들에게 신뢰를 잃어버리기 쉽다.

둘째, 지나친 상업적 활동과 마케팅은 자제한다. SNS의 궁극적인 목적은 인맥의 형성과 정보의 공유이다. 단순한 홍보와 상업적인 활동만으로 SNS를 이용한다면 사람들에게 외면을 받을 수도 있어 장기적인 인맥확보와 정보 노출에 어려움을 겪을 수도 있다.

셋째, SNS 상에서 상품의 직접적인 상거래 활동은 불법이다. SNS는 직접적인 상거래에 대한 서비스 제공이나 안전장치가 마련이 되어있지 않기에 직접적인 상거래 활동은 엄연한 불법이다. SNS를 통해서 상품이나 서비스의 구매를 유도하거나 노골적으로 상거래 활동을 하는 행위는 반드시 금해야 한다.

이처럼 SNS는 직접적인 광고나 상거래 행위보다는 사람들과의 인맥을 쌓고 그 인맥을 통해 본인을 알리고 정보를 사람들에게 제공하는 수단으로 활용해야 할 것이다.

◆ info SNS 서비스 제공 업체

◀ 트위터

www.twitter.com

2006년 미국에서 처음 서비스가 되기 시작한 트위터는 2011년 정식으로 한국어 서비스를 제공하기 시작하였다. 트위터란 '지저귀다'라는 뜻으로, 재잘거리듯이 최대 140자 이내로 하고 그때그때 짧게 올릴 수 있는 것이 특징이다. 이렇게 언제 어디서나 정보를 빠르게 공유할 수 있다는 특징으로 미국의 첫 흑인 대통령인 버락 오바마가 미국 대선에서 승리하는데 이 트위터를 활용한 홍보로 그 효과를 봤다고 알려져 더욱 유명해지게 되었다. 관심 있는 상대방을 뒤따르는 '팔로우(follow)'라는 기능을 중심으로 소통한다.

◀ 페이스북

www.facebook.com

전 세계적으로 가장 성공한 소셜 네트워크 서비스 업체로써 2004년 첫 서비스를 시작하였다. 이름·이메일·생년월일·성별 기입만으로 간단하게 회원으로 가입할 수 있어 누구나 쉽게 서비스 이용이 가능할 수 있으며 '친구 맺기'를 통하여 많은 이들과 웹상에서 만나 각종 관심사와 정보를 교환하고 다양한 자료를 공유할 수 있어 한국의 싸이월드와 유사한 서비스를 제공하여 우리나라에서도 가장 인기 있는 SNS 서비스이기도하다.

'세계 모든 사람들을 연결 시키겠다'는 목표를 지닌 페이스북은 2015년 현재 전 세계 14억명이 가입자로 활동 중인 것으로 알려져 명실공히 세계 최고의 SNS 서비스 업체이다.

◀ 인스타 그램

www.instagram.com

인스타그램(Instagram)은 '인스턴트'(instant)와 '텔레그램'(telegram)이 더해진 단어로써 '세상의 순간들을 포착하고 공유한다'(Capturing and sharing the world's moments)라는 슬로건을 내걸고 2010년 10월 서비스를 개시한 소셜네트워킹서비스(SNS)이다. 기존의 SNS 서비스와는 차별화되게 사진에 다양한 필터 효과를 적용할 수 있으며, 모바일 기기에서 사용하는 사진의 비율과 달리 폴라로이드 모양(정사각형)의 사진 크기를 사용하는 것이 특징으로 사진 중심의 정보공유를 특징으로 내세워 페이스북(Facebook)이나 트위터(Twitter)보다 서비스 개시는 늦었지만 지난 2014년 12월 기준 인스타그램은 전 세계 월간 사용자 수가 3억 명을 돌파했으며, 총 300억장의 사진이 게재, 또한 하루 평균 7000만장의 사진이 올라와 공유되며 현재 전 세계적으로 가장 빠르게 확산되고 있는 SNS 서비스이기도하다.

광고비 책정의 기준은 구매전환율

창업자들은 처음에는 돈을 아끼기 위해 무료 광고에 도전하지만 쉽지 않음을 깨닫고 결국 유료 광고를 선택하게 된다. 불특정 다수를 대상으로 한 무료 광고는 효과가 제한적이다. 하루에 몇 시간씩 컴퓨터 앞에 앉아 씨름하는 시간에 차라리 유료 광고를 하고 생산적인 일에 시간을 쓰는 것이 효율적일 수 있다.

그렇다면 유료 광고 중 가장 대표적인 포털사이트의 키워드 광고에 대해서 좀 더 자세히 알아보자. 소비자는 필요한 상품이나 정보가 있으면 먼저 포털사이트에서 관련 키워드를 검색한다. 예를 들어 옷을 사고 싶은 여성 소비자라면 다음 그림처럼 포털사이트에 '여성의류'라고 검색할 것이다. 이때 검색 페이지 상단의 '파워링크'가 키워드 광고를 한 쇼핑몰들이 노출되는 섹

'여성의류' 네이버 검색 화면

를 사는 쇼핑몰은 그러한 소비자의 심리를 이용한다. 그래서 쇼
핑몰이 많은 돈을 투자해 자신의 사이트를 상위에 노출시키는
것이다.

예를 들어 '여성의류'라는 키워드를 검색해 쇼핑몰로 들어온 고
객이 하루에 100명이라고 가정했을 때, '여성의류' 키워드의 클
릭당 광고비가 300원이면 하루 광고비는 3만 원이 된다(키워드
별 광고비는 포털사이트에서 간단한 등록 절차만 거치면 확인이 가능하
다). 하지만 100명의 고객 중 상품을 구입하는 고객은 소수에 불
과하다. 즉, 3만 원을 투자해서 소비자를 끌어들여도 상품 판매

를 통한 수익이 3만 원이 되지 않으면 물건을 팔고도 적자인 것이다. 실제로 확률상 100명이 쇼핑몰을 방문하더라도 상품을 구입하는 손님은 1명도 안 된다. 즉, 구매전환율이 1퍼센트도 안 되는 것이다.

많은 쇼핑몰이 경쟁을 하고 있는 시장에서 상품을 판매하기란 여간 어려운 일이 아니다. 손님을 끌어들이기 위해 광고를 하더라도 수익이 있을지 장담할 수 없다. 광고 전보다 매출은 늘어나겠지만 광고비를 지불해야 하기 때문에 오히려 적자가 발생하기도 한다. 성공한 쇼핑몰의 대부분은 수많은 시행착오를 거치면서 자신의 쇼핑몰에 적합한 키워드를 찾아내고 저렴하고 효율적으로 광고하는 방법을 터득한 곳이다.

그렇다면 효율적인 키워드 광고는 어떻게 하는 것일까? 광고비가 비싼 상위 키워드라고 해서 무조건 좋은 것은 아니다. 키워드 광고의 핵심은 하위 키워드를 잘 선택하는 것이다. 예를 들어 앞서 이야기한 '여성의류'는 대부분의 사람들이 쉽게 검색하고, 하위 카테고리를 포함하는 상위 키워드다. 많은 사람들이 검색하는 키워드일수록 당연히 키워드당 광고비가 높다. 때문에 상위 키워드보다 '겨울 여성용 코트' '겨울 여성 정장' 등과 같이 세분화된 내용을 포함하는 하위 키워드를 선택해서 광고를 하면 광고비는 줄어든다.

대신 세분화된 하위 키워드로 광고를 하면 검색하는 사람이 적어 쇼핑몰로 유입되는 손님 수도 줄어들기 때문에 최대한 다양한 하위 키워드를 개발해 광고를 해야 저렴한 가격으로 많은 손님을 쇼핑몰로 유입시킬 수 있다. 참고로 필자가 속옷 쇼핑몰을 운영할 당시에 광고하던 키워드의 수는 무려 2000개 정도였다. 높은 매출을 올리는 쇼핑몰은 수천 개의 키워드 광고는 기본이다. 하위 키워드를 이용하면 광고비 절감은 물론 고객 타기팅targeting이 더욱 세밀해져 쇼핑몰로 유입시킬 수 있는 고객 수가 늘어날 뿐만 아니라 높은 구매전환율을 기대할 수 있다.

초보 쇼핑몰 창업자들은 광고 효과를 높이기 위해 광고대행사를 찾기도 한다. 쇼핑몰을 오픈하면 수많은 광고대행사에서 전화가 온다. 그들이 전문성을 내세워 이야기하면 초보 창업자는 그 말에 현혹되어 쉽게 광고를 맡긴다.

초보 창업자들이 광고대행사를 결정하는 기준은 같은 비용으로 얼마나 많은 손님을 쇼핑몰에 유입시킬 수 있는가다. 광고대행사 역시 자사를 홍보할 때 얼마나 많은 사람이 배너를 클릭하는지를 보여주기 바쁘다. 하지만 자세히 살펴보면 광고대행사 중에는 방문자 수를 늘리기 위해 쇼핑몰과 전혀 연관이 없는 낚시성 키워드나 배너로 방문자를 끌어들이는 경우가 있다. 표면적으로는 같은 광고비로 많은 방문자를 쇼핑몰로 유입시켰으니 효과적인 듯하지만 매출로 이어지는 구매전환율이 터무니없이 낮기 때문에 결과적으로 광고비 대비 매출은 형편없는 경우도 많다. 광고대행사는 구매전환율을 신경 쓰지 않기 때문에 벌어지는 결과다.

쇼핑몰의 특징과 장점은 운영하는 사람이 가장 잘 알고 있다. 그러한 특징과 장점을 잘 어필할 수 있는 키워드를 스스로 고민하고 선택해 광고를 해야만 최상의 광고 효과를 거둘 수 있다. 광고는 하는 것보다 하고 나서의 결과로 판단해야 한다. 광고를 했다는 것 자체로 위안을 삼지 말고 구매전환율, 광고 전후의 매출 비교, 광고비 대비 순이익 산출 등의 사후 검토가 필요하다.

간판이 명함이고 정직이 마케팅이다

온라인 쇼핑몰이 앞서 설명한 유료 및 무료 광고를 통해 고객을 모은다면 오프라인 매장은 어떤 방법으로 가게를 홍보할까?

흔히 사용하는 방법이 전단지 제작이나 지역 생활정보지 등에 광고를 싣는 것이다. 하지만 그것만으로는 부족하다. 고객을 끌어들일 수 있는 기발하고 참신한 아이디어가 있어야 하지 않을까? 과연 소비자를 끌어들이는 효과적인 방법에는 무엇이 있을까?

마케팅 전략은 크게 세 가지로 나눌 수 있다.

첫 번째는 소비자의 관심을 끄는 전략이다. 얼마 전 시내 중심가나 대학가에서 사람들의 눈길을 사로잡은 청년들이 있었다. 사인스피닝sign spinning이라고도 하는데, 브랜드나 가게 이름이 인쇄된 광고판을 이용해 묘기를 부리는 사람들(보드맨boardman)이다. 새롭게 오픈한 가게 앞에서 예쁘고 늘씬한 내레이터모델이 춤을 추고 홍보 멘트를 하면서 지나가는 사람들의 눈길을 사로는 것처럼, 자신의 몸보다 큰 광고판을 돌리고 묘기를 부리는 것으로 사람들의 관심을 모아 홍보하는 것이다. 온라인 쇼핑몰이 방문객을 늘려야 매출이 오르듯 오프라인 매장에서도 우선 고객을 가게에 들어오게 만들어야 한다. 온라인 쇼핑몰은 방문객을 늘리기 위해 검색 화면에서 상위에 노출되도록 키워드 광고를 하거나 파워블로거를 이용해 상품 후기를 올린다. 오프라인 매장도 사람들의 궁금증을 유발시키거나 시선을 끌어서 고객을 모아야 한다. 이렇듯 사람의 관심을 모으는 마케팅은 홍보의 기본이다.

관심을 끄는 마케팅 전략과 아이디어를 필자는 일본에서 많이 얻는다. 한국인이 도쿄나 오사카 같은 일본의 대도시에서 놀라는 것 중 하나가 간판이다. 우리나라에서는 보지 못했던 독특하고 화려한 간판을 일본에서는 어렵지 않게 볼 수 있기 때문이다. 간판은 손님의 시선이 가장 먼저 향하는 곳이다. 사람으로 따지면 얼굴과 같다. 그래서 간판은 단순히 가게의 이름을 알리는 역할뿐만 아니라 가게의 콘셉트와 개성을 표현하는 중요한 도구가 될 수 있다. 특별한 홍보 없이도 간판 하나로 사람들의 시선을 한눈에 끌 수 있기 때문이다.

우리나라는 일본에 비해 간판 설치 기준이 까다롭다. 하지만

마음만 먹으면 충분히 독특하고 재미있는 간판을 만들 수 있다. 혹은 재미있는 가게 이름으로 소비자의 관심을 끄는 것도 좋은 방법이다. 그로 인해 인터넷에 오르내리며 화제가 된다면 어떤 광고보다 큰 효과를 얻을 수 있다.

두 번째는 손님에게 정직하게 대함으로써 신뢰를 얻는 방법이다. 음식을 조리하는 주방은 식당의 가장 비밀스러운 공간이었다. 이전까지는 어떤 식당을 가더라도 주방은 식당의 가장 구석진 곳에 있었고 손님을 맞이하는 공간과 철저히 분리돼 있었다.

하지만 방송을 통해 일부 비양심적인 식당의 위생 상태가 문제로 제기되고 먹거리에 대한 소비자의 관심이 높아지면서 주방을 전면에 드러낸 가게들이 생겨나기 시작했다.

벽면을 유리로 하여 수타로 면을 만드는 모습을 지나가는 사람들에게 보여주는 중국집, 주문 즉시 신선한 고기를 정육하고 무게를 재는 모습을 보여주는 고깃집, 손님을 맞이하는 홀과 주방의 벽을 허물고 주방을 공개하는 식당 등은 사람들이 궁금해하는 부분을 보여줌으로써 믿을 수 있다는 인식을 심어준다.

세 번째는 쿠폰을 통한 사은품 전략이다. 쿠폰을 발급해 매장의 상품이나 서비스를 무료로 제공하는 것이 가장 일반적인 방법이다. 치킨 10마리에 1마리를 덤으로 준다거나, 대리운전을 3번 이용하면 1번은 공짜인 것과 같다.

타깃 고객을 겨냥한 선물을 제공해 효과를 극대화하기도 한다. 손님이 염불보다 잿밥에 관심 있게 만드는 전략이다. 몇 년 전까지만 해도 굽네치킨에서는 연말에 치킨을 시키면 당대 최고의 걸그룹인 소녀시대 달력을 증정하는 이벤트를 벌였다. 그래서 중고등학교 남학생 자녀가 있는 집은 모두 굽네치킨만 사먹었다고 한다. 이후 굽네치킨은 유명세를 타기 시작해 아직까지 업계 선두를 달리고 있다.

세계적인 커피 브랜드인 스타벅스는 커피 외에도 텀블러, 머그잔 등과 같은 다양한 소품들을 상품화한다. 득히 시즌별, 나라별로 한정판을 출시해 희소성을 높여 소비자가 갖고 싶도록 한다. 세계 여행을 하는 젊은이들은 기념품으로 그 나라에서만 판매하는 스타벅스 텀블러나 머그잔을 구입할 정도로 한정판을 모으는 것이 유행이 되기도 했다.

게다가 매해 연말에는 다이어리를 출시하는데 이벤트 커피를 무려 17잔이나 마셔야 받을 수 있다. 다이어리를 별도로 구입할 수도 있지만 카페를 갈 일이 있으면 스타벅스에 가야겠다고 생각하게끔 만드는 것이다. 고객이 스스로 스타벅스를 찾게 만드는 전략이다. 이렇듯 스타벅스는 독특한 마케팅으로 커피만 파는 것이 아니라 유행과 문화를 파는 브랜드임을 인식시켰다. 그렇기에 아직까지도 세계에서 가장 사랑받는 커피 브랜드로 굳건히 자리를 지키고 있는 것이다.

사업이란 '무엇을 파느냐'가 아닌 '어떻게 파느냐'로 승패가 나뉜다. 그래서 홍보와 마케팅은 성공 창업의 핵심이다.

진상 고객 단골 만들기

사업을 하다 보면 상상도 못했던 일이 시도 때도 없이 발생한다. 당장이라도 사업을 그만두고 싶을 정도로 힘들 때도 있다. 그중 가장 힘들고 어려운 부분이 바로 손님을 응대하는 일, 흔히 말하는 '진상 고객'을 상대하는 일이다. 고객은 왕이라고 하지만 가끔은 왕이고 뭐고 눈에 보이는 것이 없을 정도로 화가 날 때도 있다. 특히 고객을 직접 만나지 않고 온라인상으로나 전화상으로만 응대해야 하는 온라인 사업을 하다 보면 진상 고객을 만나는 경우가 더욱 많다. 직접 대면하지 않으므로 익명성이 보장되기 때문이다. 하지만 오랜 시간 사업을 하면서 내린 결론은 그럼에도 손님은 왕이라는 것이다.

지금까지 온라인으로 많은 아이템을 판매해봤다. 브랜드 의류, 운동화, 유아용품, 여성 속옷, 중고명품, 캠핑용품 등 판매하는 아이템이 바뀔 때마다 고객층도 달라져 10대 학생부터 20대 여성, 30~40대 주부까지 다양한 고객을 응대해왔다.

그중 기억에 남는 에피소드가 몇 가지 있다. 브랜드 운동화를 판매할 때의 일이다. 브랜드 운동화라는 아이템의 특성상 고객은 10~20대 학생이 대부분이다. 어느 날 쇼핑몰 고객 게시판에 구구절절한 사연이 올라왔다. 15살 학생이라고 소개한 고객은 정말 신고 싶었던 운동화인데 지금은 돈이 없어 구입을 못 하니 한 달만 기다려달라는 것이었다. 용돈을 모아 한 달 후에 반드시 구입을 하겠으니 자신이 점찍어 놓은 운동화를 절대 팔지 말아달라는 내용의 글이었다. 당시 한창 인기 있는 상품이었고 원하는 사이즈가 하필이면 황금 사이즈라서 금방이라도 팔 수 있는 상품이었지만, 학생 시절이 생각나기도 하고 게시판에 올라온 글이 너무나도 간절했기에 일단 한 달은 기다려주기로 했다.

다행히 약속대로 한 달쯤 뒤에 학생에게서 연락이 왔다. 돈이 준비되었으니 구입하겠다는 것이었다. 하지만 바로 구입하지는 않았다. 처음엔 운동화 구석구석 사진을 찍어서 보내달라고 했다. 정품이 맞는지, 정품인지 확인하는 방법은 무엇인지를 물어보고 품질보증서도 보내달라고 했다. 학생이 요구하는 대로 기분 좋게 모든 사진과 서류를 보내 확인시켜주었지만 정품임을 확인한 학생은 이번에는 A/S가 가능한지를 물었다. A/S는 병행

수입된 상품인 관계로 초기 불량이 아닌 경우라면 무상으로는 불가능하고 매장에서 유상 A/S를 받아야 한다고 설명했다.

힘들게 운동화 한 켤레를 판매하고 약 2주 뒤에 사무실로 전화 한 통이 걸려왔다. 운동화를 구입한 학생이었다. 운동화의 에어가 터졌으니 환불해달라는 것이었다. 물론 상품 자체가 불량이라면 100퍼센트 환불해주겠지만 혹시 운동화를 신고 무리한 운동을 했거나 착용하고 활동하는 도중 실수로 파손된 것이라면 환불이 어려우니 매장에서 A/S를 받아야 한다고 안내했다.

학생은 딱 한 번밖에 안 신었는데 갑자기 에어가 터졌다고 주장했다. 우선 운동화의 파손된 부분을 사진으로 찍어서 보내달라고 했다. 학생이 보내준 사진을 보고 경악을 금치 못했다. 운동화는 한 눈에 봐도 몇 번이나 신어서 이곳저곳 때가 타 있었고, 저절로 터졌다는 에어는 날카로운 것에 찢긴 자국이 선명했던 것이다. 다시 통화해 운동화가 불량이라는 사실은 인정할 수 없으니 가까운 매장을 찾아가 직접 A/S를 받아야 한다고 설명했지만 학생은 막무가내였다. 분명 고객의 과실로 인한 상품의 파손은 환불이나 무상 A/S가 불가능하다고 상품 상세 페이지에도 명시해놓았으며 상담할 때 설명했는데도 환불이 안 되면 무상으로 A/S를 해주라고 떼를 썼다. 장시간 통화로도 해결되지 않자 학생은 다시 전화를 하겠다며 끊었다.

몇 시간 뒤 이번에는 한 아주머니로부터 전화가 걸려왔다. 학생의 어머니였다. 아주머니는 전화를 받자마자 다짜고짜 화를 냈다. 학생을 상대로 가짜 불량 운동화를 팔았다며 고함을 질렀다. 당장 보상해주지 않으면 경찰서에 신고하겠다며 난리를 쳤다. 자초지종은 아예 들을 생각도 없었고 관심조차 없어 보였다. 화가 나 미칠 지경이었지만 방법이 없었다. 결국은 운동화 값을 모두 환불해주었다. 필자가 할 수 있는 화풀이는 파손된 운동화는 필요 없으니 신든 버리든 잘 먹고 잘 살라며 소리를 지르고 전화를 끊는 것뿐이었다.

이뿐만이 아니다. 속옷을 판매할 때는 몇 번이나 입고 세탁했던 속옷이 갑자기 떨어졌다며 구입한 지 한 달이 지나서야 환불을 요구하는 손님, 브래지어와 팬티 한 장으로 구성된 속옷을 구입하고는 팬티 한 장을 더 받기 위해 팬티가 배송되지 않았다고 우기는 손님도 있었다. 고가인 명품을 판매할 때는 주문한 상품이 마음에 들지 않아 환불을 해야 하는데 왕복 배송비 몇 천 원을 부담하기 싫어 명품 가방에 일부러 흠집을 내서 불량품이라고 우기는 손님까지 있었다.

이런 일이 있을 때마다 치밀어 오르는 화와 황당함으로 스트레스가 극에 달했지만 어떻게 할 방법이 없었다. 쇼핑몰 홈페이지에 반품이나 교환에 대한 규정을 명시해놓더라도 막상 소비자가 요구할 때는 요구사항을 들어줄 수밖에 없다.

국내에서 시행 중인 소비자보호법은 대부분 소비자에게 유리하도록 제정되어 있다. 예를 들어 고객이 운동화를 구입하고 상품이 불량이라고 주장하면 불량이 아니라는 증거를 판매자가 제시해야 환불을 거부할 수 있다. 또한 속옷을 구입한 고객이 상품 중 일부가 빠졌다고 주장하면 포장이나 배송 과정에서 문제가 없었다는 증거 또한 판매자가 제시해야 한다.

이렇게 오랜 시간 사업을 운영하는 동안 수많은 고객을 만나고 예상치 못했던 일들을 겪으면서 터득한 방법이 한 가지 있다. 진상 손님일수록 더욱 친절하게 그리고 원하는 요구사항을 다 수용해줘야 한다는 것이다. 온라인 거래에서 손님은 어떠한 상황에서도 유리하다. 고객의 불만 사항을 하나하나 맞대응하면 애꿎은 에너지만 소비하게 된다. 스트레스만 더 받는 것이다. 손님이 원하는 것을 수용하고 만족할 만한 해결책을 제시해 한시라도 빨리 상황을 해결하는 편이 현명하다.

상품을 판매하다 보면 어쩔 수 없는 불량이나 재고로 손해를 보는 경우가 생긴다. 고객의 불만으로 인한 환불이나 교환도 불량으로 받아들여야 한다. 서비스에서의 불량이 상품에 대한 불만으로 표출되는 경우도 많다. 그럴 때 고객에게 감정적으로 대응하면 결국 화살은 자신에게 돌아온다. 그 고객이 이곳저곳에 쇼핑몰의 좋지 않은 소문을 퍼뜨릴 수도 있고 민원기관에 신고해 시간적, 금전적으로 더 큰 손해를 입을 수 있기 때문이다.

차라리 진상 고객의 이야기를 들어주고 친절을 베풀면 의외로

충성 고객이 될 수도 있다. 한 번 진상은 어디를 가나 진상이라는 말이 있지 않은가. 다른 가게에서는 진상이라고 피하거나 불친절하게 대하지만 이 가게에서는 다른 고객보다 자신에게 더욱 잘 대해준다고 느낀다면 분명 이 가게를 다시 찾게 된다. 그렇게 자주 찾는 가게에서, 또 잘 대해주는 사람에게 진상을 피우는 사람은 거의 없다. 기본적으로 터무니없는 불만이나 억지는 바로잡아 쓸데없는 손해는 피하는 것이 옳지만 100퍼센트, 아니 200퍼센트 당당하고 자신 있지 않다면 고객에게는 무조건 지는 것이 현명한 사업가의 자세다.

7장

작은 가게를
장수 가게로 만들기

66

싸게만 팔면 잘 팔리겠지 하는 생각은 버려라.
얼마나 마진을 남기고 얼마나 판매할지는 누가 정해주는 것이 아니고
스스로 만드는 것이다.

99

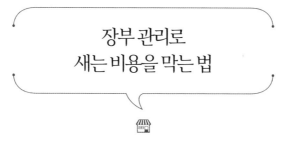

장부 관리로
새는 비용을 막는 법

   사업을 할 때 꼼꼼하게 따져야 하는 것이 돈의 흐름이다. 어떤 사람들은 장사는 잘되는데 돈을 얼마나 벌고 있는지 모르겠다거나 매출에 비해 순이익이 얼마 남지 않는다며 하소연한다. 그러나 돈이 들어오고 나가는 상황을 꼼꼼하게 체크하면 순이익이 어느 정도인지 파악할 수 있고, 불필요하게 지출되는 돈도 막을 수 있다. 사업자가 내야 하는 부가가치세와 종합소득세 같은 세금을 줄일 수 있는 효과적인 방법 역시 장부 관리다. 이렇듯 장부 관리는 사업의 관리와 성장을 위해 반드시 필요한 부분이다.

   장부 관리가 주는 혜택을 구체적으로 살펴보면 첫째, 판매되는 아이템과 매출을 알 수 있어 장사의 흐름을 파악할 수 있다. 전반적인 흐름이 보이기 때문에 보다 효율적인 사업 운영이 가능해진다.

둘째, 일정 기간 동안의 소득과 비용을 나타내는 손익계산서, 자산과 부채와 같은 자본 흐름을 나타내는 대차대조표를 포함한 재무제표를 준비할 수 있다. 재무제표는 은행이나 거래처와의 협상에서 사업의 전반적인 운영 상태를 한눈에 보여줄 수 있어 보다 큰 사업으로 발전하기 위해서는 반드시 필요한 자료다.

셋째, 영수증 관리를 통해 사업과 관련된 비용인지 사업과 관련 없는 비용인지를 구분할 수 있고, 과세 소득인지 비과세 소득인지를 구분할 수 있어 절세에 도움이 된다.

간이과세자는 세금계산서와 영수증만 보관해도 충분하다고 생각하는 사람들이 많지만 사업자라면 반드시 장부를 만들어 기장해야 한다. 요즘은 엑셀을 이용해 손쉽게 관리하지만 매출이 늘어나 장부 관리가 부담이 된다면 세무사에 위임하는 방법도 고려해볼 수 있다.

장부는 각종 증빙서류를 첨부해서 누구라도 알아볼 수 있도록 투명하게 관리되어야 한다. 장부 관리에 필요한 증빙서류 관리법과 기본적인 장부 작성법에 대해서 알아보자. 증빙서류에는 세금계산서, 계산서, 신용카드(현금영수증) 매출전표 등의 적격증빙서류와 간이영수증, 공과금영수증 등의 기타증빙서류가 있는데, 절세를 위해서는 적격증빙서류를 수취해야 한다.

특히 매출은 상품이나 서비스의 판매 내역별로 관리하며 신용

카드나 현금영수증 매출은 신용카드 단말기 회사의 분기별 매출액이 기입된 우편물로도 대체할 수 있다. 현금 매출은 장부로 따로 관리한다. 아래의 표와 같이 수입 금액 기준 이하의 사업자는 간편장부 서식을 이용해 가계부를 작성하듯 관리하면 된다.

✦ 간편장부 작성 대상자 ✦

업종 구분	수입 금액 기준
가. 농업, 임업, 어업, 광업, 도매업, 소매업, 부동산매매업, 그 밖의 '나' 및 '다'에 해당하지 않는 사업	3억 원 미만
나. 제조업, 숙박·음식업, 전기·가스·증기·수도사업, 하수·폐기물처리·원료재생 및 환경복원업, 건설업, 운수업, 출판·영상, 방송통신 및 정보서비스업, 금융·보험업	1억 5000만 원 미만
다. 부동산임대업, 전문·과학·기술서비스업, 사업시설관리·사업지원서비스업, 교육서비스업, 보건 및 사회복지사업, 예술·스포츠·여가관련 서비스업, 협회 및 단체, 수리 및 기타 개인서비스업, 가구 내 고용활동	7500만 원 미만

출처: 국세청 홈페이지

◆ info. 간편장부 어떻게 쓰죠?

① 일자	② 거래 내용	③ 거래처	④ 수입		⑤ 비용		⑥ 고정자산 증감		⑦ 비고
			금액	부가세	금액	부가세	금액	부가세	

① 일자
거래일자 순으로 수입 및 비용을 모두 기재한다.

② 거래 내용
○○판매, ○○구입 등 거래를 구분하고, 대금결제를 기재한다. 하루 평균 매출 건수가 50건 이상인 경우 하루 동안의 총 매출액을 합해 기재할 수 있다. 단, 세금계산서, 현금영수증 등의 원본은 보관해야 한다. 비용 및 매입 거래는 거래 건별로 모두 적는다.

③ 거래처
상호나 대표자 이름 등 거래처 구분이 가능하도록 기재한다.

④ 수입

영업 수입(매출)과 영업 외 수입을 각각 적는다. 일반과세자는 매출액을 공급가액과 부가가치세 10퍼센트를 구분해 '금액'과 '부가세' 란에 적는다. 신용카드로 결제하거나 현금영수증을 발급한 매출과 같이 공급가액과 부가가치세를 구분할 수 없는 경우에는 매출액을 1.1로 나눈 금액을 '금액' 란에 적고, 잔액을 '부가세' 란에 적는다. 간이과세자는 부가가치세가 포함된 매출액(공급대가)을, 부가가치세 면세사업자는 매출액을 '금액' 란에 적는다.

⑤ 비용

상품 원재료 매입액, 일반 관리비, 판매비 등 사업 관련 비용을 적는다. 세금계산서나 부가가치세액이 별도로 구분 기재된 신용카드 매출전표를 받은 경우에는 공급가액과 부가가치세를 구분해 적는다. 이외의 영수증은 매입 금액을 '금액' 란에만 기재한다.

⑥ 고정자산 증감

건물, 자동차, 컴퓨터 등 고정자산의 매입액 및 부대비용을 기재한다. 세금계산서를 받은 경우에는 세금계산서의 공급가액과 부가가치세를 구분해 적는다. 계산서, 영수증, 신용카드 매출전표는 매입금액을 '금액' 란에만 적는다. 고정자산을 매각, 처분하는 경우에는 해당 자산을 붉은색으로 기재하거나 금액 앞에 '△' 표시를 한다.

⑦ 비고

거래증빙 유형 및 재고액을 기재한다. 예를 들어 세금계산서는 '세계'로, 계산서는 '계'로, 신용카드 및 현금영수증은 '카드등'으로, 기타 영수증은 '영'으로 표시할 수 있다. 상품이나 원재료의 재고가 있는 경우에는 과세 기간 개시일 및 종료일의 실제 재고량을 기재할 수도 있다.

사업 소득, 부동산 임대 소득 등 2개 이상의 소득이 있는 경우 소득별로 구분해 기장해야 한다. 2개 이상 사업장이 있는 경우 사업장별로 거래 내용을 구분해 기장한다. 즉, 소득별, 사업장별로 간편장부를 따로 작성한다.

출처: 국세청 홈페이지

비싸도
사고 싶게 만드는 법

경기가 침체되고 소비가 위축되면서 경쟁 업체보다 조금이라도 더 싼 가격으로 손님을 끌어들이고자 모든 유통업체들이 안간힘을 쓴다. 소셜커머스와 오픈마켓과 같은 온라인 쇼핑몰은 물론 대형 마트나 백화점까지 너나할 것 없이 최저가 판매를 전면에 내세워 마케팅을 한다. 그렇다면 얼마나 싸게 팔아야 시장에서 경쟁력을 가질 수 있을까?

싸게 팔기 위해선 먼저 제품을 싸게 들여와야 한다. 지금까지 학교나 책에서 배워온 제조(수입)-유통-도매-소매-소비자로 이어지는 유통 구조가 아니라 중간 과정을 모두 건너뛰고 제조사나 수입자에서 바로 소매로 이어지는 유통 구조가 아니고서는 현재 국내시장의 치열한 경쟁에서 살아남기 힘들다. 그래서 중소사업자에게 관심을 받고 있는 것이 바로 소호무역이다. 큰 규모의 자본을 투자하고 대량의 원자재를 확보해야 하는 제조보다 외국에서 소규모로 상품을 수입해서 도소매업을 병행하는 것이 훨씬 진입장벽이 낮고, 리스크도 적기 때문이다. 필자 또한 소호무역으로 시작했기 때문에 비교적 쉽게 사업을 안정화시킬 수 있었다.

하지만 무조건 싸게 판다고 경쟁력이 높은 것은 아니다. 지금까지 수많은 상품을 판매해오면서 가격에 관해 몇 가지 깨달은 것이 있다.

첫 번째, 시장의 가격을 쫓아가는 사람이 아니라 이끄는 사람이 되어야 한다. 대부분의 초보 창업자들이 가장 쉽게 저지르는 실수 중 하나가 경쟁 업체보다 싸기만 하면 장사가 잘될 것이라는 생각이다. 그러다 보니 경쟁 업체를 수시로 체크하면서 그쪽에서 할인을 하면 파격 할인을 하고, 하나를 덤으로 주면 따라서 하는 전략을 펴는 것이다. 그렇게 서로에게 손해만 되는 치킨 게임을 하다 보면 울며 겨자 먹기로 밑지면서 파는 상황에까지 몰린다. 이런 식의 사업 운영은 실패할 수밖에 없다. 시장의 가격을 쫓아가는 사람의 최후다.

상품을 파는 장사꾼이 아니라 상품을 사는 소비자의 입장에서 생각해보자. 오픈마켓에서 상품을 구입할 때도 저렴하면서도 판매량이 많거나 리뷰가 많이 올라온 상품을 선택한다. 무조건 싸다고 물건을 사지는 않는다. 너무 싼 상품은 오히려 품질에 문

제가 있지 않을까 하는 의심에 구입을 망설이는 경우도 있다. 가격 경쟁의 승자는 결국 거대 자본금을 가진 대기업일 수밖에 없다. 가격 경쟁으로는 대기업을 이길 수 없다. 설사 이긴다고 해도 남는 것이 없을 것이다. 그러니 남은 방법은 품질과 서비스로 소비자에게 어필하는 것이다. 그러면 누구든지 시장의 가격을 이끌 수 있다.

두 번째, 상품의 가치는 정해져 있는 것이 아니라 만드는 것이다. 위의 사진은 서로 다른 업체가 같은 상품을 찍어서 올린 것이다. 중국에서 직수입한 어린이 놀이용 텐트인데 왼쪽은 필자가 온라인 쇼핑몰에 올린 사진이고, 오른쪽은 경쟁 업체에서 올린 사진이다. 만약 두 상품 중 하나를 산다면 어떤 상품을 고를 것인가? 두 상품의 수입 원가는 같지만 판매량은 물론 판매가에서도 차이가 있다. 그 이유는 소비자의 입장에서 조금만 생각해보면 알 수 있다. 이렇듯 같은 상품을 판매하더라도 어떻게 상품을 꾸미고 가치를 만드느냐는 전적으로 판매자의 몫이다.

싸게만 팔면 잘 팔리겠지 하는 생각은 버려라. 얼마나 마진을 남기고 얼마나 판매할지는 누가 정해주는 것이 아니고 스스로 만드는 것이다.

장사꾼이라면 알아야 할 재고 관리 법칙

　장사꾼이라면 높은 매출을 위해 가장 많이 신경 써야 할 부분이자 골칫거리 중 하나가 재고 관리다. 많은 돈을 투자해서 준비한 상품을 모두 판매한다면 더할 나위 없이 좋겠지만 막상 장사를 하다 보면 예상치 못한 불량품이나 팔리지 않아 가치는 떨어지고 관리비만 드는 악성재고가 쌓이기 마련이다. 악성재고는 큰 손해로 돌아오기 때문에 재고를 관리하는 노하우가 장사의 성공 노하우이기도 하다.

　하지만 재고가 나쁜 것만은 아니다. 재고는 더 큰 매출을 위해 확보해야 할 자산이기도 하다. 신상품은 가게의 이미지를 상승시키고 새로운 고객을 유치하는 발판이기 때문에 경쟁 업체보다 발 빠르게 확보해야 할 재고다. 계절 상품이나 이벤트 상품은 희소성이 있기 때문에 먼저 확보해야 한다. 이렇듯 좋은 재고는 경쟁력이 될 수 있다.

소비자가 동네 작은 슈퍼마켓보다 대형 마트를 찾는 이유가 무엇일까? 상품의 다양성 때문이다. 한 번에 다양한 상품을 쇼핑할 수 있고 같은 아이템이라 하더라도 브랜드와 가격대에 따라서 선택할 수 있는 폭이 넓기 때문이다. 판매자 입장에서도 다양한 상품들을 구비해놓으면 고객의 충동구매를 유도해서 그로 인한 매출 신장을 기대할 수 있다.

재고에도 종류가 있다. 매출에 큰 영향을 끼치므로 품절이 되지 않도록 최소 수량을 항상 유지해야 하는 기초 재고, 상품의 다양성을 위해 고객의 수요에 따라서 수량과 품목을 달리하는 구색 재고, 사업 경쟁력을 높이기 위해 새롭게 추가하는 품목인 신규 재고 등이다. 그렇다면 재고를 효율적으로 관리하고 처리하는 방법에는 무엇이 있을까?

상품 회전율로 관리하기

상품 회전율 = 한 상품의 평균 재고액 / 한 상품의 연간 매출액

첫 번째는 상품 회전율을 계산해서 데이터화하는 것이다. 상품 회전율이란 상품을 매입하고 판매해 다시 매입하기까지의 속

도를 나타낸다. 쉽게 말하면 일정 기간(보통 1년) 내에 상품이 몇 번 회전하는가를 표시하는 비율이다. 상품 회전율을 계산해보면 잘 팔리는 상품과 잘 판매되지 않는 상품을 명확하게 알 수 있다. 상품의 재고 관리를 하기 위한 가장 기초적인 자료다. 상품 회전율은 통상 한 상품의 연간 매출액을 평균 재고액으로 나누어 구한다.

예를 들어 1000원짜리 상품의 평균 재고가 50개이며 이 상품으로 연간 100만 원의 매출을 올린다고 하면 이 상품의 연 회전율은 20회가 된다.

50,000원(평균 재고액) / 1,000,000원(연간 매출액) = 20회 / 년(상품 회전율)

상품 회전율을 계산해보면 일정 기간에 상품이 얼마나 판매되는지 예상할 수 있기에 적절량의 재고를 통제할 수 있다. 또한 재고 회전율이 높은 상품과 낮은 상품을 데이터로 정리하고 구별해 불필요한 재고 매입을 줄일 수 있다.

적정재고량으로 관리하기

발주 시점의 적정재고량 = 납품 소요일 수×평균 하루 판매량 + 안전여유재고량

적정재고량이란 상품 품절로 인한 매출 손실과 재고를 사입하고 유지하는 비용의 합계액이 최소가 되는 재고 수준을 말한다. 판매량이 항상 일정하면 좋겠지만 장사를 하다 보면 판매량이 불규칙한 것이 정상임을 알 수 있다. 때문에 적절한 재고를 보유하는 것은 매출에 큰 영향을 미친다. 하지만 '적절한'의 기준을 파악하기가 쉽지 않다.

적정재고량은 어느 정도의 재고가 남았을 때 재고를 추가하는 것이 좋은지를 공식화한 것이다. 납품에 필요한 소요일 수에 평균 하루 판매량을 곱해 여기에 안전여유재고량을 더하면 어느 정도의 재고가 남았을 때 재고를 사입하는 것이 유리한지 알 수 있다.

여기서 안전여유재고는 사입하는 거래처가 국내인지 해외인지, 한 회 주문 수량 및 금액이 얼마인지 등에 따라서 달라지므로 사업 상황에 맞게 판단해야 한다. 참고로 필자의 경우 거래처가 대부분 중국이나 일본이므로 2~3일 정도 국내 세관 통관이 지연되는 상황이 발생하기도 하기에 2~3일 치의 판매량을 안전여유재고로 생각한다. 이렇게 가게의 특성이나 납품 조건에 따라 안전여유재고를 염두에 두고 발주 시점의 적정재고량을 상품별로 파악해 재고를 관리해야 한다.

앞서 설명한 재고 관리 방법은 어느 정도 사업을 진행한 후 매출이나 판매량 등의 대략적인 자료가 나와야만 가능하기에 사업 초창기에는 적합하지 않다. 사업 초창기에는 어떤 상품이 판매가 잘될 거라는 섣부른 기대나 판단보다는 최대한 다양한 상품을 소량으로 사입해 '다품종 소량 재고'의 전략으로 인기 상품의 종류와 회전률을 파악하는 것이 좋다.

재고 관리를 아무리 철저히 하더라도 악성재고는 생긴다. 악성재고는 원가 이하로라도 최대한 빨리 처분해서 현금화시키는 것이 절대적으로 유리하다. 불필요한 재고로 자본을 묶어두는 것보다 조금 손해를 보더라도 현금화시켜서 새로운 상품을 고객에게 소개하는 것이 매출 향상과 사업장의 이미지 형성에도 유리하기 때문이다. 재고 처분을 위해 정기적인 세일 혹은 이벤트를 열거나 지역 단체에 기부를 하는 것도 좋은 방법이다.

통장 관리 잘못하면
1년 매출이 날아간다

2012년 9월의 일이다. 1박 2일간의 지방 출장을 마치고 부산으로 돌아가는 중에 전화 한 통이 걸려왔다. 일을 도와주고 있던 여동생에게서 걸려온 전화였다. 다급한 목소리로 손님들이 찾아왔는데 분위기가 심상치 않으니 최대한 빨리 사무실로 들어오라고 했다. 직접 운전을 하고 다녀온 출장이라 너무 피곤한 상태였다. 사무실로 갈 여력이 없어 다음에 미리 약속을 잡고 방문해달라는 말을 전하라고 했으나 여동생은 그럴 상황이 아니라고 했다.

결국 손님에게 전화를 바꿔주었는데, 전화를 받은 사람은 다름 아닌 세무조사관이었다. 전화를 끊고 곧장 사무실로 달려갈 수밖에 없었다. 부랴부랴 사무실에 도착하니 세 명의 반갑지 않은 손님들이 기다리고 있었다. 세무조사관이라니 설마 말로만 듣던 세무조사를 받게 되는 건가, 싶었지만 분기마다 꼬박꼬박 세금도 잘 냈고, 매출도 크지 않은 개인사업자인데 세무조사를 받을 일은 없을 거라고 생각했다.

그들의 방문 목적은 역시나 세무조사였다. 50대로 보이는 날카로운 인상의 남자, 깐깐해 보이는 40대 여자, 그리고 나와 비슷한 또래로 보이는 30대 초반의 남자로 구성된 그들은 간단히 자신을 소개한 후 사업 운영 현황, 그중에서도 세금 납부 현황을 알아보기 위해 찾아왔다고 했다.

그러면서 그들이 꺼내놓은 백과사전만 한 서류뭉치에는 지난 7년간의 세금 납부 기록부터 은행 거래 내역, 심지어 택배 발송 현황까지 들어 있었다. 앞으로 진행될 절차에 대한 간단한 설명을 마치고 약 2주 동안 진행될 세무조사에 성실히 응해줄 것을 당부했다.

황당한 일이었다. 크게 잘못한 것도 없었고 세금도 미납하지 않고 성실히 납부해왔는데 갑자기 세무조사라니. 조사관들은 걱정할 필요 없다고, 어디까지나 확인 차원에서 진행되는 세무조사이니 성실하게 응하면 별문제 없이 빨리 마무리될 거라고 안심시켰다.

하지만 세무조사는 쉽게 끝나지 않았다. 조사관이 가져온 자료에는 지난 수년간 은행 계좌를 통해 오고간 금전 거래 기록이

고스란히 담겨 있었다. 문제는 통장의 금전 거래 기록과 매분기 신고한 매출 금액이 다르다는 점이었다. 그들은 금액이 차이가 나기 때문에 세금 탈세를 위한 허위 매출 신고 혐의가 있다며 문제를 제기했다.

당황스러웠다. 은행 계좌에는 사업을 해서 벌어들인 수입뿐만 아니라 지인들과의 개인적인 돈 거래도 있었고 일본을 오가면서 다른 사람의 부탁으로 상품 구매 및 수입대행을 해주고 받은 돈의 내역도 있었다. 그 모든 것을 사업을 통한 수입으로 보는 것은 불합리했다. 하지만 조사관들은 인정하지 않았다. 직장인이 아닌 이상 사업자의 통장을 통해 거래되는 모든 돈의 흐름은 사업을 통한 수입과 지출 내역으로 볼 수밖에 없다는 것이다.

사업 초창기에 개인 통장과 사업용 통장을 명확히 구분해서 사용하지 않았고, 장부도 제대로 기재하지 않았던 것이 큰 실수였다. 어린 나이에 장사를 시작해서 세무 관련 지식도 없었고 주변에 이와 관련된 사항을 알려줄 만한 사람도 없었다. 그것이 지금에서야 문제가 된 것이다. 결국 3000만 원 가까운 세금을 납부해야 했다. 누락된 부가가치세와 종합소득세, 세금을 누락시킨 것에 대한 가산세와 누진세까지 포함해 말 그대로 세금 폭탄을 맞은 것이다.

직장인은 월급을 받을 때 수입에 대한 세금을 모두 제하고 나서 실수령금을 받지만 사업자는 다르다. 자산과 소득을 매분기

마다, 해마다 세무서에 신고하고 그에 해당하는 세금을 납부해야 한다. 만약 세금을 적게 내기 위해 허위로 소득을 신고하거나 누락했을 때는 추후에 세무조사를 통해 몇 배의 세금을 추징당하기도 한다. 세금을 탈세하기 위한 목적이 아닌 세무 관련 지식이 부족한 나머지 실수로 누락한 경우에도 세무조사는 피해갈 수 없다. 법 앞에서는 실수도 용납되지 않기 때문이다.

그렇다면 사업자가 반드시 알아야 할 세금에는 어떤 것들이 있을까?

먼저 부가가치세가 있다. 부가가치세란 생산과 유통 과정의 각 단계에서 창출되는 부가가치에 부과하는 세금으로, 상품이나 서비스를 소비하는 데 대한 소비세의 일종이다. 최종소비자가 부담하는 세금이지만 상품이나 서비스의 가격에 부가가치세가 포함되어 있기 때문에 사업자가 대신 납부하는 것이다.

예를 들어 개인사업자가 1월부터 6월까지 소비자에게 상품이나 서비스를 제공해 총 1억 원의 매출을 올렸다면 수익의 10퍼센트인 1000만 원을 부가가치세로 납부해야 한다. 하지만 1억 원의 매출이 모두 순이익은 아니다. 매입 원가는 부가가치세에서 공제가 가능하다. 즉, 5000만 원 어치 상품을 매입해 1억 원의 매출을 올렸다면 실제로 납부해야 하는 부가가치세는 상품 판매에 대한 실이익 5000만 원의 10퍼센트인 500만 원인 것이다.

개인사업자는 부가가치세 면세사업자와 부가가치세 과세사업자로 나뉜다. 부가가치세 면세사업자는 쌀이나 농수산물 등의 면세품을 판매하는 사업자이고 과세사업자는 부가가치세가 과세되는 대부분의 상품이나 서비스를 판매하는 사업자다. 과세사업자는 다시 일반과세자와 간이과세자로 나뉜다. 앞에서 예를 든 10퍼센트라는 부가가치세의 기준은 일반과세자에게 해당되며 연매출 4800만 원 이하의 간이과세자의 경우는 업종별로 1.5퍼센트, 2퍼센트, 3퍼센트, 4퍼센트의 부가가치세가 붙는다. 부가가치세는 개인사업자의 경우 1년에 두 번, 법인사업자의 경우 1년에 4번 납부하며, 부가가치세 신고 기간에 매출 매입 자료 등을 준비해 관할 세무서를 찾아가거나 국세청 홈페이지에 접속해 신고하고 납부한다.

다음은 종합소득세다. 종합소득세란, 개인에게 해당되는 각종 소득을 종합해 과세하는 세금을 말한다. 개인의 각종 소득을 종합해 납부할 수 있는 세금을 조정한 뒤 소득에 대한 누진세율을 적용한다. 전체 종합소득에서 매입비, 인건비 등 사업 운영에 필요한 각종 비용을 제하고, 그 금액에서 다시 각종 세액공제를 한 후 금액에 따라 과세표준 구간을 5단계로 분류해 누진세율을 적용한다. 부가가치세처럼 단순히 이익금의 일정 비율만을 납부하는 것이 아니라 수익이 높을수록 세율이 높게 책정되어 더 많은 세금을 납부하게 된다.

✦ 종합소득과세표준 및 세율 (2014.1.1 이후) ✦

과세표준 구간	세율	누진공제
1200만 원 이하	6%	-
1200만 원 초과 4600만 원 이하	15%	108만 원
4600만 원 초과 8800만 원 이하	24%	522만 원
8800만 원 초과 1억 5000만 원 이하	35%	1490만 원
1억 5000만 원 초과	38%	1940만 원

◈ 내가 내야 할 종합소득세는 얼마죠?

```
              금융소득

  이자소득  배당소득  사업소득  근로소득  연금소득  기타소득


                  종합소득금액


                        - 소득공제        · 기본공제(본인, 배우자, 부양가족)
                                         · 추가공제(경로우대, 장애인 등)
                                         · 다자녀추가공제
                                         · 특별공제(표준공제)
  ×세율(6~38%)          종합소득        · 연금보험료공제
                        과세표준        · 주택담보노후연금 이자비용공제
                                         · 기부금공제
                                         · (개인)연금저축공제 등
                        산출세액

                                         · 기장세액공제
                                         · 외국납부세액공제
                        - 세액공제        · 재해손실세액공제
                         ·세액감면        · 배당세액공제
                                         · 근로소득세액공제
  · 무(과소)신고가산세                      · 전자신고세액공제
  · 납부(환급)불성실가산세                  · 성실신고확인비용세액공제
  · 보고불성실가산세       + 가산세        · 중소기업특별세액감면 등
  · 증빙불비가산세
  · 무기장가산세 등
                                         · 중간예납세액
                        - 기납부세액      · 수시부과세액
                                         · 원천징수세액 등

                        납부(환급)할
                          세액
```

사장이 원하는 직원,
직원이 원하는 사장

사업을 하다 보면 다양한 고정비용이 발생한다. 고정비용 중 가장 큰 비중을 차지하는 것이 인건비다. 매출액 대비 고정비의 비율에 따라 순이익이 달라지므로 사업자 중에는 인건비로 사업의 승패가 나뉜다고 생각하는 사람도 많다. 작은 가게에서는 인건비를 줄이기 위해 POS point of sales를 도입해 재고 관리나 회계 관리 등을 자동으로 처리하거나 셀프서비스를 도입해 줄어든 인건비만큼 가격을 내려 고객을 유치하기도 한다.

필자 역시 온라인 쇼핑몰을 했을 때는 최소한의 인원으로 회사를 운영했다. 택배 발송이나 상품 정리 등 사람의 손이 일시적으로 많이 필요한 경우에는 시간제나 일당제 아르바이트를 고용해 효율적으로 직원을 관리한다고 생각했다. 하지만 사업 규모가 커지면 이런 꼼수도 통하지 않는다. 사업을 키우고 싶다면 직원 채용을 생각하지 않을 수 없다.

사업자가 직원을 채용할 때 가장 눈여겨보는 부분은 능력보다 오래 일할 수 있는가 즉, 성실성이다. 새로운 직원을 뽑으면 하나하나 업무를 알려줘야 하고 직원이 업무를 이해하고 익숙해질 때까지 기다려줘야 하기 때문이다. 직원을 교육시키고 일을 시킬 만하다 싶으면 퇴사를 해버리는 경우도 많다. 그러면 또 다시 새로운 직원을 뽑아야 하고 업무에 적응하는 시간만큼 손해를 보게 된다. 이러한 패턴이 반복되니 사업자는 직원을 뽑는 데 부담을 느끼지 않을 수 없다. 하지만 이것이 직원만의 문제일까?

퇴사를 하는 사람들에게 이유를 물어보면 과도한 업무량과 사장이나 상사와의 트러블을 가장 큰 이유로 꼽는다. 결국 문제는 직원이 아닌 가게를 운영하는 사장에게 있는 것이다. 그렇다면 직원이 원하는 사장은 어떤 사람일까?

첫째가 직원이 의지할 수 있는 사장이다. 대부분의 사장은 직원을 뽑으면 직원에게 모든 일을 맡긴다. 맡은 업무를 하는 것은 물론 다른 일도 척척 알아서 하길 바란다. 사업체의 크기가 작을수록 그러한 경향은 더욱 심하다. 하지만 가게는 직원의 것이 아니다. 직원에게 주인의식을 강요하며 모든 업무를 미루고 의지하는 사장은 좋은 리더가 될 수 없다. 직원은 사장이 직접 뛰고 움직일 때 옆에서 도와주는 사람이다. 그러니 사장이 솔선수범하지 않으면 직원이 열심히 일할 리가 없다.

두 번째는 직원의 능력을 이끌어낼 수 있는 사람이다. 직원이 생각보다 능력이 떨어지면 실망하는 건 어쩔 수 없지만 실망감을 직원에게 표출해서는 안 된다. 직원은 상실감으로 업무 능력이 더 떨어지고 결국 직원과 사장은 서로를 믿지 못하게 된다. 처음부터 완벽한 사람은 없다. 달인이라고 불리는 사람 역시 처음부터 잘했을 리가 없다. 오랜 시간 한 가지 업무를 하다 보니 일이 몸에 밴 것이다. 물론 오래한다고 해서 누구나 달인이 될 수 있는 것은 아니다. 일에 대한 만족감과 성취 의지가 있어야 동기부여가 되고 달인이 될 수 있다. 좋은 사장이란 직원에게 업무 압박을 주면서 많은 능력을 요구하지 않고 능력을 발휘할 수 있도록 동기를 부여하는 사람이다.

장사가 잘되는 가게는 분위기부터 다르다. 사장부터 전 직원이 웃으면서 즐겁게 뛰어다닌다. 좋은 사장이 있어야 좋은 직원이 함께할 수 있다. 그리고 그로 인해 가게를 찾는 고객도 행복해진다. 이것이 바로 장사가 잘되는 가게의 비결이다.

작은 가게는 위기를 기회로 만든다

3년차 법칙이라는 말이 있다. 직장생활이든, 장사든 누구에게나 3년에 한 번씩은 주기적으로 힘든 고비가 찾아온다는 것이다. 3년차 정도면 업무 파악도 되고 일이 손에 익으면서 일에 대한 회의나 염증이 생기기 마련이다. 이때는 이직에 대해서도 생각하게 되고 새로운 환경을 찾고자 하는 욕구를 느낀다. 자영업자도 마찬가지다. 3년에 한 번씩은 큰 고비가 찾아온다.

필자도 그랬다. 2006년에 사업을 시작한 후에 많은 시행착오를 거치면서 어느 정도 사업이 안정기에 접어들 무렵인 사업 3년차 즉, 2008년에 미국발 금융위기의 영향으로 환율이 폭등하는 바람에 일본에서 상품을 수입하는 데 큰 어려움을 겪었다. 이후 1년여 가까이 힘든 시기를 이겨내고 겨우 자리를 잡나 싶었는데

2011년 일본 대지진과 후쿠시마 원전 사고로 일본 무역업은 다시 한 번 위기를 겪었다. 그것으로 끝이 아니었다. 2013년 초에는 사무실과 창고에 큰 화재가 발생해 3억 원에 가까운 재산 피해를 입었다. 1년이 다 되어가는 지금까지도 사고의 여파로 힘든 시기를 겪고 있다.

필자와 같은 큰 어려움을 겪지는 않더라도 언제 어디서 나타날지 모르는 경쟁 업체와 하루가 다르게 유행이 바뀌고 소비자의 눈높이가 높아져가는 세상에서 순탄하게 자리를 잡고 오랜 시간 승승장구한다는 것은 그저 희망사항일 뿐이다. 게다가 작은 가게는 작은 위기에도 크게 휘청거리기 쉽다. 그렇다면 이렇게 불시에 찾아오는 힘든 고비를 이겨내는 방법은 없을까?

필자가 다른 사람들은 평생에 한 번도 겪기 힘든 일을 몇 번이나 겪으면서도 아직까지 쓰러지지 않고 사업을 유지하는, 더 나아가 끊임없이 발전할 수 있었던 것은 한 아이템에 올인하지 않았기 때문이다.

일본을 오가며 소호무역을 하던 어느 날 갑자기 불안해졌다. 내가 하고 있는 사업 아이템이 지금은 경쟁력이 있어도 경쟁 업체가 생겨나고 트렌드가 바뀌면 가게가 어려워지지 않을까, 하는 두려움이 생긴 것이다. 이후 한 아이템이 성장기를 지나 성숙기에 들어서면 다음 아이템을 고민하는 습관이 생겼다. 이제는 더 나아가 아이템에 제한을 두지 않고 소비자가 찾는 것은 무엇이든 판매할 수 있도록 꾸준히 시장조사를 하고, 새로운 판로를 발굴하고 있다. 일본이라는 나라 자체를 아이템이라고 생각한 것이다.

일본과의 소호무역이 안정적인 단계에 들어선 후에는 거래하는 국가를 중국에서 유럽, 동남아시아 시장까지 확장해 여유가 날 때마다 시장조사와 공부를 하고 있다. 이렇게 다양한 아이템과 사업을 쉬지 않고 발굴한 결과 지금은 오프라인 매장 운영, 온라인 오픈마켓, 구매대행을 통한 납품 등 다양한 분야로 사업을 확장시켜 나가고 있다.

아무리 굵고 튼튼한 다리라도 하나의 다리로 만들어진 의자는 다리가 부러지면 힘없이 주저앉을 수밖에 없다. 하지만 여러 개의 다리로 만들어진 의자는 다리 하나가 부러져도 버틸 수 있다. 때문에 지금 하고 있는 사업이 아무리 잘나간다 하더라도 현실에 안주해서는 안 된다. 크게 성공하고 싶다면 쉬지 않고 공부하고 도전해 남들보다 빠르게 많은 시장을 개척해야만 한다. 이것이 작은 가게로 오래 살아남을 수 있는 방법이다.

부록

주목할 만한 창업 트렌드 TOP 10

+ 싱글족을 위한 1인 식당

일본에서는 식당이나 술집에서 혼자 밥을 먹고 술을 마시는 사람을 쉽게 볼 수 있다. 오래전부터 싱글 문화가 형성돼 있는 일본은 1인분의 양을 파는 고깃집, 먹고 싶은 반찬만 골라 먹고 남은 음식은 도시락에 담아서 가져갈 수 있는 식당 등이 대중화되어 있다. 혼자 온 손님을 위한 전용 테이블을 마련해놓는 것은 기본이다.

하지만 이제는 일본만의 이야기가 아니다. 우리나라에서도 1인 가구가 많아지고 싱글 문화가 생겨나면서 싱글족이 점차 늘어나고 있다. 직장인 중에서도 끼리끼리 어울려 다니며 입에 맞지 않는 메뉴를 먹기보다는 도시락을 싸오거나 좋아하는 식당에서 혼자만의 식사를 즐기는 사람이 늘어나고 있다. 특히 대학가나 원룸이 모여 있는 지역에는 싱글족을 위한 식당이나 술집이 생겨나 호응을 얻고 있다.

+ 셀프 수제 햄버거 전문점

햄버거는 빠르고 간편하게 한 끼 식사를 해결할 수 있어 패스트푸드를 대표하는 음식으로 사랑받고 있다. 반면 몸에 좋지 않은 정크푸드(junk food)라는 인식 때문에 건강을 중요시하는 사람들에게는 외면받고 있는 음식이다. 하지만 몇 년 전부터 인스턴트 재료를 사용하지 않는 수제 햄버거 가게가 등장하면서 인기를 모으고 있다.

최근 미국에서는 한 단계 더 업그레이드된 햄버거 전문점이 선풍적인 인기를 끌고 있다. 고객이 원하는 레시피대로 직접 만들어 먹는 햄버거 전문점이다. 햄버거의 핵심이 되는 패티를 소고기, 양고기, 돼지고기, 닭고기는 물론 두부, 연어, 계란 등으로 선택이 가능하며, 20여 가지가 넘는 다양한 야채와 소스, 빵까지 선택할 수 있어 햄버거에 대해 좋지 않은 시선을 보내던 사람들로부터도 많은 호응을 얻고 있다.

SNS와 인터넷을 통해 햄버거 레시피 정보를 공유할 수 있는 점도 소비자의 관심을 끌고 있다. 대형 프랜차이즈 햄버거 가게가 아닌 작은 가게로도 충분히 경쟁력을 가질 수 있는 아이템이기 때문에 한국에서도 곧 떠오르는 사업 아이템이 되리라고 예상한다.

✛ 스마트폰 튜닝 전문점

국내 스마트폰 이용자 수는 약 4000만 명이다. 아이들이 한글을 깨치기 전에 스마트폰 이용 방법부터 깨친다는 우스갯소리가 있듯 대한민국 국민 대부분이 스마트폰을 사용하면서 관련 시장 또한 엄청난 규모로 성장하고 있다. 특히 스마트폰 케이스, 액정 보호 필름 등을 판매하는 스마트폰 액세서리 전문점은 오프라인 매장은 물론 오픈마켓과 소셜커머스에서도 판매 순위 상위권에 위치한다.
이제는 단순히 만들어진 스마트폰 액세서리를 파는 것을 넘어 스마트폰 튜닝을 눈여겨볼 필요가 있다. 개개인의 개성을 중시하는 일본에서는 핸드폰을 나만의 독특한 콘셉트로 꾸미는 데코덴デコ電(데커레이션과 전화의 합성어)이 유행하고 있다. 큐빅이나 캐릭터로 핸드폰 장식을 직접 만들어 붙이고 다양한 색상으로 핸드폰을 도색하기도 한다. 외국 사이트에서 직접 스마트폰 부품을 구입해 액정이나 케이스를 조립해서 사용하는 사람도 늘어나고 있다.
약간의 기술과 손재주만 있다면 부품이나 재료를 구해 작은 규모의 공간에서도 충분히 창업이 가능한 아이템이다.

✛ 체험 투어

여행업계에서는 단순히 보고 즐기는 여행이 아닌 새로운 경험을 통해 추억을 쌓을 수 있는 체험 투어가 인기다.
지인 중 도예가 한 분은 작은 마을의 폐교를 빌려 도자기 체험장을 운영하고 있다. 교실을 개조해 사람들이 하룻밤을 묵을 수 있는 숙소를 만들고, 직접 도자기 그릇 만드는 방법도 가르쳐주는 것이다. 낮에는 인근의 관광지를 구경하고, 밤에는 교실에 모여 앉아 난로를 피워놓고 통기타를 치면서 노래도 부르며 낭만적인 시간을 보낼 수도 있다. 특히 어린 자녀를 둔 부모들 사이에 입소문이 퍼져 몇 개월 전에 미리 예약을 해야 할 정도로 유명해졌다.
이외에도 주말 농장처럼 가족과 함께 과일이나 농작물을 재배하고 수확할 수 있는 체험 투어, 곤충이나 동물을 가까이서 보고 느낄 수 있는 체험 투어 등 다양한 성공 사례가 매체를 통해 소개되고 있다. 필자 역시 2008년부터 세계 여러 나라를 여행하면서 사업 아이템을 발굴하고, 사업 아이디어를 얻고, 무역 노하우를 배울 수 있는 소호무역 체험 투어를 지금까지 150회 이상 진행해왔다. 이처럼 일상에서 벗어난 색다른 경험을 하고 싶은 사람들에게 아이디어를 제공하는 사업은 앞으로도 더욱 경쟁력이 커질 것이다.

✦ 복고 아이템

연말부터 유통업계는 복고(retro) 열기에 들썩이고 있다. 1990년대 대학생들의 이야기를 다룬 케이블 드라마가 아날로그 감성을 불러일으키며 인기몰이를 한 데 힘입어 오래전 인기를 끌었던 아이템들이 다시 소비자의 관심을 받고 있다. 떡볶이 코트라고 불리던 더플코트를 비롯해 잔스포츠(jansport), 이스트팩(eastpak) 등도 날개 돋친 듯 판매되고 있다.

복고의 유행은 유통업계에 그치지 않는다. 오래된 팝송을 들려주는 추억의 다방이 다시 등장하고 디지털 음원에 익숙한 젊은층은 경험해보지 못했던 LP 음반도 다시 출시되고 있다. 인터넷과 스마트폰의 발달로 사라져가던 만화방이나 슈퍼마리오, 갤러그, 테트리스 등의 옛날 게임을 즐길 수 있는 오락실도 다시 생겨나고 있다.

필자 또한 복고 열풍을 실감하고 있다. 국내에서는 찾기 힘든 LP 턴테이블이나 출시된 지 20년이 지난 닌텐도 게임기, 오래된 캐릭터 장난감 등을 찾는 사람들이 늘어나 일본에서 수입해오는 일이 점차 많아지고 있기 때문이다. 바쁘게 돌아가는 생활에서 작은 여유를 느낄 수 있는 아날로그 감성의 아이템이나 복고의 유행은 한동안 이어질 듯하다.

✦ 중고명품 전문점

귀족 스포츠의 상징인 골프, 예전에는 상류층만이 즐기는 스포츠였으나 최근에는 국민의 생활 수준이 높아지면서 골프를 즐기는 사람의 수가 점점 늘고 있다. 또한 몇 백만 원을 호가하는 명품 가방은 여자라면 하나쯤은 소장하는 것이 되었고 겨울만 되면 100만 원이 넘는 명품 패딩은 없어서 못 파는 상품이 되었다.

하지만 이런 고가의 상품을 제값을 주고 구입하기엔 부담이 크다. 오래 사용해 싫증이 난 명품도 바꾸고 싶다. 이런 사람들을 위한 중고명품 전문점이 늘어나고 있다.

중고명품 전문점은 중고 제품을 매입해 간단한 수리와 점검을 거치고 깨끗이 손질하여 소비자에게 되판다. 갖고 있던 명품을 파는 사람들은 사용하지 않는 제품을 현금화할 수 있고 소비자는 다양한 명품을 싸게 구입할 수 있다는 장점이 있어 인기를 얻고 있는 창업 아이템이다. 요즘은 유명 브랜드 의류나 패션 잡화뿐만 아니라 노트북, 스마트폰, DSLR카메라 등과 같은 IT 관련 아이템을 취급하는 중고제품 전문점들도 관심을 얻고 있다.

✦ 가죽 공예점

1년에 한두 번씩 유럽으로 출장을 갈 때마다 필자가 꼭 방문하는 곳이 있다. 이탈리아 피렌체에 위치한 가죽 시장이다. 세계적인 명품 가방 브랜드의 도시로 잘 알려진 피렌체는 가죽제품을 만드는 공장이나 가죽 공예 기술을 가르쳐주는 공방이 많기로도 유명하다. 수십 곳의 크고 작은 가죽 공방에서 만들어진 다양한 가죽제품이 모이는 곳이 바로 피렌체 가죽 시장이다. 이제는 관광객들의 필수 쇼핑 코스가 되었다.

이곳에서는 서류가방, 다이어리, 필통, 안경 케이스, 카드지갑, 머리띠 등의 품질 좋은 가죽 소품들을 저렴하게 구입할 수 있다. 게다가 여기서 판매하는 상품들은 대부분 대량으로 생산된 공산품이 아니라 주변의 가죽 공방에서 가죽 공예를 배우는 학생들이 직접 만든 것들이다. 하나하나 수작업으로 만들어졌기 때문에 상품마다 디자인과 모양이 달라 더 큰 매력을 느낄 수 있다.

요즘 우리나라에서도 스마트폰 케이스, 다이어리, 카드지갑 등의 가죽 소품에 본인의 이니셜이나 원하는 문구를 새겨넣는 것이 유행이다. 얼마 전에는 목에 걸고 다니는 가죽 카드지갑이 인기를 끌기도 했다.

가죽제품을 만드는 방법은 생각보다 어렵지 않다. 일본에서는 DIY 재료로서 재단된 가죽이나 가죽 공예 도구들을 시내 쇼핑센터에서도 쉽게 구할 수 있다. 하지만 우리나라에서는 아직 가죽 공예가 대중화되어 있지 않다. 가죽 공예 기술을 조금만 배우면 가죽 소품들을 만들어 팔 수 있다. 좀 더 욕심을 부리면 가죽 공예에 관심 있는 사람들을 상대로 강습도 하고 공예 재료도 판매할 수 있으니 발전 가능성이 높은 창업 아이템이라고 할 수 있다.

✦ 인터넷 광고대행

저렴하고 좋은 상품이나 서비스를 제공하는 업체를 찾기 위해서 사람들은 스마트폰이나 컴퓨터를 이용해 검색을 한다. 이때 소비자는 업체가 제공하는 정보보다 같은 소비자의 입장에서 정보를 주는 블로거의 글을 더 믿게 된다. 이렇게 블로그나 SNS를 통해 브랜드, 특정 제품, 회사를 홍보해주는 온라인 광고대행이 사람들 사이에서 꾸준한 관심을 얻고 있다.

블로그를 통한 광고대행은 크게 두 가지로 나뉘는데, 첫째는 신상품이나 새로운 서비스를 제일 먼저 사용하고 후기를 올리는 일이다. 방문객이 많은 파워블로거나 친구가 많은 SNS 유저일수록 광고 효과가 높고, 수익도 많다. 둘째는 포털사이트에서 제공하는 배너나 프로그램을 깔아 블로그에 특정 업체의 광고를 등록하고 광고 수익을 얻는 것이다. 이러한 서비스로 월 수백만 원의 광고비를 받는 블로거도 생겨나고 있다.

광고대행업은 카메라와 컴퓨터만 있으면 별도의 자본금 없이도 기자처럼 좋아하는 정보를 쫓아다니면서 수익을 올릴 수 있다. 단, 수많은 광고대행업을 하는 사람들 중에서 경쟁력을 높이려면 빠르게 새로운 정보를 찾아내는 부지런함과 그 정보를 재미있고 효과적으로 사람들에게 알릴 수 있는 감각이 필요하다.

좀 더 전문적으로는 포털사이트의 키워드 광고와 같은 유료 광고를 관리해주고 수수료를 받는 광고대행사도 생각해볼 수 있다. 사업 초창기 온라인 광고에 어려움을 느끼는 쇼핑몰 사업자가 주요 고객이다. 광고대행사는 광고를 맡기는 업체가 아닌 광고를 등록하는 포털사이트에서 수수료를 지급받는 구조이기 때문에 처음 온라인 창업을 시작하는 사람들을 상대로 부담 없이 영업이 가능하다는 장점이 있다.

✦ 해외 구매대행업

언젠가부터 연말만 되면 인터넷을 뜨겁게 달구는 키워드가 있다. 추수감사절(11월 마지막 주 목요일) 다음날을 뜻하는 '블랙프라이데이(Black Friday)'라는 단어다. 이 날을 기점으로 미국은 한 해의 가장 큰 쇼핑 시즌이 시작되며, 각 매장에서는 폭탄 세일로 고객을 유혹한다. 미국의 쇼핑 이벤트가 왜 한국에서 이슈가 되는 것일까?

온라인 해외직구족들 때문이다. 해외직구란 전 세계 온라인 쇼핑몰을 찾아다니며 저렴한 상품을 '직접 구입'하는 것을 일컫는 말이다. 해외에서 판매되는 다양한 상품을 관세와 중간 유통비 없이 저렴하게 살 수 있다는 이점 때문에 국내에 수많은 해외직구족이 생겨나고 있다.

해외직구를 도와주는 구매대행업도 인기를 끌고 있다. 필요한 아이템을 외국 사이트에서 찾는 방법, 각종 할인 쿠폰 및 적립금을 이용해 추가 할인을 받는 방법, 국내로 반입되는 택배 화물의 면세 기준, 운송비를 절약하는 방법 등 일반인은 쉽게 알기 힘든 노하우들을 사업으로 연결시킨 것이다. 구매대행업은 소비자 대신 물건을 구입하고 수수료를 받는 것이기 때문에 재고 부담이 없고 큰 규모의 창고나 사무실 없이 작은 컴퓨터만 있다면 집에서도 충분히 창업할 수 있는 점이 장점이다.

✦ 글로벌셀러

온라인 쇼핑의 발전으로 해외 구매대행업과 같이 생겨난 업종이 바로 글로벌 셀러다. 온라인 시장이 포화상태가 되자 쇼핑몰 사업자들은 국내시장을 넘어 해외시장으로 눈을 돌려 전 세계인을 상대로 상품을 판매하는 글로벌셀러로 진화했다.

2008년 외환 위기가 터지고 한국의 원화 가치가 하락하자 구매대행을 하던 사람들이 수출에도 관심을 갖기 시작했다. 그 후 미국의 경매사이트 이베이에서 한두 개씩 아이템을 판매하던 글로벌셀러들이 성공적으로 시장에 안착한 사례들이 알려져 본격적으로 사업성을 인정받았다. 지금은 전 세계적인 한류 열풍을 타고 미국은 물론 일본, 중국, 싱가포르, 인도네시아 등 다양한 국가에 진출해 한국 상품을 판매하고 있다.

글로벌셀러는 외국에 사업장을 만들거나 거주하지 않더라도 국내에서 온라인 쇼핑몰을 통해 사업을 운영할 수 있다는 장점이 있다. 지금은 외국 사이트에 복잡하게 판매자 등록을 하지 않더라도 해외 판매를 전문적으로 하는 사이트 '큐텐'(www.qoo10.com) 등을 통해서 누구나 쉽게 글로벌셀러로 창업이 가능하다.

성공 창업을 위한 1년 창업 일정표

처리 내용 　　　　　　월	1월	2월	3월	4월	5월
업종 탐색					
타당성 분석					
업종 선택					
시장조사					
사업성 분석					
자금 확보					
창업 후보지 선택					
사업계획서 작성					
사업장 선정					
영업허가 사항 검토					
조직 구성					
점포 전세 계약					
비품 및 설비 구입					
홍보 계획 수립					
판매 계획					
종업원 교육					
판촉 전략 수립					
개업 행사 준비 및 홍보					
개업					

6월	7월	8월	9월	10월	11월	12월

성공 창업을 위한 1년 창업 일정표

작은가게의 성장

2016년 5월 31일 초판 1쇄 발행
-
지은이 | 황동명
펴낸이 | 김남길
-
펴낸곳 | 프레너미
등록번호 | 제 387-251002015000054 호
등록일자 | 2015년 6월 22일
주소 | 경기도 부천시 계남로 144, 532동 1301호.
전화 | 070-8817-5359
팩스 | 02-6919-1444
-

프레너미는 친구를 뜻하는 "프렌드(friend)"와 적(敵)을 의미하는 "에너미(enemy)"를 결합해 만든 말입니다. 급변하는 세상속에서 저자, 출판사 그리고 콘텐츠를 만들고 소비하는 모든 주체가 서로 협업하고 공유하고 경쟁해야 한다는 뜻을 가지고 있습니다.
프레너미는 독자를 위한 책, 독자가 원하는 책, 독자가 읽으면 유익한 책을 만듭니다.
프레너미는 독자 여러분의 책에 관한 제안, 의견, 원고를 소중히 생각합니다. 다양한 제안이나 원고를 책으로 엮기 원하시는 분은 frenemy01@naver.com으로 보내주세요. 원고가 책으로 엮이고 독자에게 알려져 빛날 수 있게 되기를 희망합니다.